AHORA YO DECIDO

Luisana González

AHORA YO DECIDO

El poder de elegir
lo mejor
para tu vida

Papel certificado por el Forest Stewardship Council®

Primera edición: mayo de 2025

© 2025, Luisana González
© 2025, Penguin Random House Grupo Editorial, S. A. U.
Travessera de Gràcia, 47-49. 08021 Barcelona

Penguin Random House Grupo Editorial apoya la protección de la propiedad intelectual. La propiedad intelectual estimula la creatividad, defiende la diversidad en el ámbito de las ideas y el conocimiento, promueve la libre expresión y favorece una cultura viva. Gracias por comprar una edición autorizada de este libro y por respetar las leyes de propiedad intelectual al no reproducir ni distribuir ninguna parte de esta obra por ningún medio sin permiso. Al hacerlo está respaldando a los autores y permitiendo que PRHGE continúe publicando libros para todos los lectores. De conformidad con lo dispuesto en el artículo 67.3 del Real Decreto Ley 24/2021, de 2 de noviembre, PRHGE se reserva expresamente los derechos de reproducción y de uso de esta obra y de todos sus elementos mediante medios de lectura mecánica y otros medios adecuados a tal fin. Diríjase a CEDRO (Centro Español de Derechos Reprográficos, http://www.cedro.org) si necesita reproducir algún fragmento de esta obra.
En caso de necesidad, contacte con: seguridadproductos@penguinrandomhouse.com

Printed in Spain – Impreso en España

ISBN: 978-84-03-52414-9
Depósito legal: B-4604-2025

Compuesto en Mirakel Studio, S. L. U.

Impreso en Gómez Aparicio, S. L.
Casarrubuelos (Madrid)

AG 24149

A mi sobrina Isabella,
para que siempre elijas aquello
que te hace libre y feliz

Índice

¿Por qué a veces es tan difícil ser feliz? 17

1. **Entendiendo tu pasado** 21
   La verdadera autoestima 21
   El origen de tu autocuidado 25
   Conociendo cómo te aprendiste a vincular.
      Tu estilo de apego 26
   Heridas de la infancia. Comenzando a encajar las
      piezas de tu vida 33
   El trauma y las heridas emocionales 41
   Las veces que reaccionamos a algo también
      estamos reaccionando a lo que, en el pasado,
      nos sucedió 47
   ¿Cómo sabes si tienes algún trauma? 48
   Cómo sanar tus heridas emocionales 50

2. **Comenzando a llevarte mejor contigo ahora** ... 53
   Tus emociones 53
   Las emociones te van a hablar, aunque tú no
      quieras 54

Las emociones con mala fama 56

¿Aprendiendo a sentir tus emociones?................. 65

Tus creencias 69

Cómo trabajar tus creencias 72

El autocuidado 74

3. Tu relación con los demás 83

Dime con quién y cómo te relacionas y te diré
cómo te sientes. ¿Y si no te relacionas tan bien
que digamos? ¿Quiénes son las personas
incorrectas?... 85

Ahora las personas correctas... 86

¿Cómo son tus relaciones? ¿Te dan paz? 86

La dependencia emocional 88

La codependencia: necesito que me necesites 89

Trabaja en la dependencia emocional................. 91

Ajustar nuestras expectativas............................ 95

Los límites 96

No se puede permitir de todo 103

A veces, por más que queramos, no podemos
continuar ahí 104

Decirle adiós a una amiga o amigo 105

Se cierran capítulos, pero también se escriben
nuevos comienzos. Tienes que volver a abrir
la puerta para que otro pueda pasar................ 106

**4. Cómo llevarte mejor con los demás para crear
relaciones sanas** 109

Cómo construir intimidad con tus amigos y seres
queridos 109

5. Tu historia con el amor 117

1.ª lección: En el amor hay que saber elegir 117

2.ª lección: Cuando el amor no son las historias
que te han contado 119

3.ª lección: No todo es amor 121

4.ª lección: Las relaciones comienzan contigo.
Tu biografía del amor 122

5.ª lección: Hay que ver cómo hemos encajado
lo que hemos aprendido.................................. 131

6.ª lección: No te confundas, enamoramiento no
es amor.. 133

7.ª lección: El amor no es sufrir (relaciones
tóxicas).. 135

8.ª lección: El amor cuando un día sí quiere
estar contigo y al otro no 143

9 ª lección: Quien te ama no te maltrata 151

6. Cerrar capítulos 161

¿Por qué se puede terminar una relación? 161

El duelo.. 162

Un golpe de realidad 170

Cuando te comienzas a encontrar de nuevo........ 173

7. Decisiones conscientes en el amor 175

Céntrate en elegir 176

Haz una lista de lo que quieres en una
persona.. 177

Tus negociables y tus no negociables.................. 178

Ten expectativas claras 181

Cuidado con el envoltorio................................... 182

Construir una relación consciente de pareja......... 184
Lo que debe existir en las relaciones sanas 189

8. Tú y la felicidad 207
El camino de la felicidad 207
Vivir en coherencia con tus valores...................... 209
La autocompasión... 215
Hormonas de la felicidad 223
Vivir el momento presente 225

9. Tu nueva historia.................................... 229
Tu autoestima... 229
¿Cómo es la persona que quisieras ser? 238
Siempre volvemos a comenzar............................. 240
Y ahora tú decides.. 244

Agradecimientos 249

Si este libro está en tus manos es porque algo te llamó la atención. No sé en qué punto de tu vida te encuentras ahora mismo, lo que sí sé es que es muy probable que ahora quieras tomar las riendas de tu vida. A veces, nos sentimos perdidos en el momento de tomar decisiones, en ocasiones no sabemos ni por dónde empezar.

Créeme que te entiendo perfectamente cuando te preguntas: «¿Cómo vine a parar aquí? ¿Por qué siento que no me salen bien las cosas? ¿Por qué la felicidad cuesta tanto?». Conozco qué se siente al estar en esa especie de laberinto emocional repitiendo los mismos patrones una y otra vez. Por eso en estas páginas vamos a hablar de TODO. De todo lo que a veces nos pone las cosas de cabeza. Vamos a tocar temas como: las relaciones, las amistades, la autoestima, la felicidad tan anhelada, los corazones rotos y los duelos.

No sé si te ha pasado, pero llega un día en el que dices: «¡Basta! Ya no me quiero sentir así ni darles tantas vueltas a las cosas». Aunque no lo creas, esa es la decisión más importante porque cuando decides aprender a conocerte tan pero tan bien y a saber lo que quieres, así las situaciones se repitan, tú ya no serás la misma persona porque vas a contar con más recursos que antes. El autoconocimiento es uno de los mejores caminos para hallarte en armonía contigo.

Por eso tras años de experiencia profesional y personal me decidí a dar el salto y plasmar cada una de mis ideas en un libro que a mí me hubiese gustado leer en esos momentos que me sentía tan perdida en el mundo de las relaciones y de la vida en general. Me irás conociendo a medida que vayas leyendo estos capítulos, porque a pesar de que compartiré contigo historias de otras personas también te hablaré de las mías para que nos sintamos un poquito más cerca. Créeme, no ha sido fácil mostrarme, pero a lo largo de todos estos años he comprendido que lo que más nos acerca entre nosotros es la vulnerabilidad. Me gustaría que sintieras esta lectura como una conversación en la que conectas y te brinda apoyo.

En este libro encontrarás maneras de tomar decisiones para llevar una vida más consciente y en dirección a construir a la persona que deseas ser. Hablaremos de cómo encontrar esperanza, cómo conocernos mejor y, sobre todo, cómo aprender a encontrar algo de calma en medio del caos para tomar mejores decisiones. No vas a descubrir una fórmula mágica, pero sí puede ser el empujón que necesitas para tomar las riendas de tu vida. Ahora puede que veas tu vida como esa habitación que está un poco desordenada, que tengas todo revuelto, pero a medida que la vayamos ordenando vas a ir encontrando más claridad.

Vamos a empezar con tu pasado, explorando cómo fuiste en tu infancia, ya que, en ese momento, no podías decidir quién querías ser. Hablaremos de la autoestima, pero no de la que todo el mundo nos habla, sino de una más auténtica y más real, una que te lleve a conocerte mejor. Luego nos adentraremos en el mundo de las relaciones, las amistades, la familia y, por supuesto, el amor, ese amor del que tenemos tantas cosas que decir que a veces hasta nos quedamos cortos. Después, nos enfocaremos en la relación más importante de todas, la que mantienes contigo, hasta llegar a la felicidad para que puedas reconstruir tu historia.

Eso sí, quiero dejar claro que algunos momentos serán más teóricos, pero créeme, cada uno de ellos tiene una razón de ser. En el camino también puede que toquemos algunas heridas, pero es necesario que pasemos por ahí, porque muchas de nuestras decisiones vienen de ese lugar del que muy a menudo no tenemos ni idea, pero que debemos reconocer para dejar de repetirlas. Confía en mí, no haré nada que te deje peor, solo quiero ayudarte a que te comprendas mucho mejor para que tomes decisiones más acertadas para tu bienestar.

Espero que lo que aquí está escrito te acompañe en tus momentos de reflexión para guiarte a construir una autoestima más sana Y si a lo largo de este libro sientes que todavía hay cositas que quieres trabajar en ti, busca a alguien que te preste apoyo. Mi intención es que disfrutes de una vida que te permita ser tú y concentrarte en esa persona que anhelas ser. Lo mejor que puedes hacer por ti es cuidar tu pequeña parcela, aprender a relacionarte mejor desde adentro y a cuidarte independientemente de quién llegue o se vaya.

Así que espero, de corazón, que en estas páginas encuentres una luz para ti. Si te has preguntado qué puedes hacer para entender tu pasado y mejorar la manera de vincularte, cómo tomar decisiones conscientes y acertadas, cómo llevarte mucho mejor contigo y elegir solo aquello que sea sano para ti y te ayude a reconstruir tu propio concepto de felicidad, adelante.

Todo esto ha sido lo que me ha ayudado a mí y a mis pacientes, y por eso quiero cederte el poder de DECIDIR, porque, aunque la vida muchas veces se vuelve complicada, nos olvidamos de algo crucial: que podemos muchas veces decidir cómo nos enfrentamos a las circunstancias.

Así que vamos a ello.

Con cariño,
Luisana

¿Por qué a veces es tan difícil ser feliz?

En diferentes momentos de mi vida me he hecho la misma pregunta: ¿por qué a veces es tan difícil ser feliz? pensamos que la felicidad llega cuando alcanzamos una meta y que no será efímera, que se quedará ahí cerquita de nosotros. Queremos congelar ese estado ignorando que las situaciones difíciles también son parte de la vida. Tal vez por eso las estanterías de la sección de autoayuda de una librería están tan llenas de libros.

Cuando era pequeña, lo veía todo más fácil sin duda, pensaba que las relaciones eran como jugar a la casita, que tendríamos la casa soñada, que tendríamos siempre el trabajo soñado y que para alcanzar la felicidad bastaba con pedir un solo deseo. Luego creces y te das cuenta de que no es tan sencillo como parecía, la felicidad también se trabaja, y no, no hablo de trabajar rompiéndote el lomo para tener más riquezas y ser feliz de esta manera, la felicidad de la que hablo viene de mucho más adentro.

Para conocer un poco sobre la felicidad, tenemos que

irnos primero a muchísimos años atrás, ya que en la historia siempre encontramos respuestas. Nuestros antepasados tuvieron que evolucionar para sobrevivir en un entorno hostil, lleno de amenazas y peligros reales, como osos que podrían atacarlos mientras dormían. Por eso, nuestra mente está diseñada para enfocarse en los problemas, en lo que falta, en lo que puede salir mal. Así se entiende que cuando recibimos una pequeña mala noticia nos quedamos pensando todo el día en ese problema, porque necesitas defenderte del peligro más que de la felicidad, claramente.

Este mecanismo nos salvó la vida en el pasado, pero hoy, en un mundo donde ya no huimos de osos, sigue funcionando como si estuviéramos en constante peligro. Ahora vemos problemas también en otras partes, nos obsesionamos con cosas que no son imprescindibles; a veces ni siquiera necesitamos salir de la cama para sentirnos desdichados o para convencernos de que los demás tienen vidas perfectas. Claro, no niego que la vida a veces nos da números complicados, que la partida no sale muy a nuestro favor, hay personas que atraviesan momentos muy difíciles, conocen la precariedad, sufren enfermedades graves o han tenido experiencias traumáticas que de alguna u otra forma han condicionado cómo se sienten y se relacionan en el presente.

Así que, ¿cómo no nos vamos a preguntar por qué a veces es tan difícil ser feliz? Claro que nos lo preguntamos, sin embargo, y aunque puede parecer complejo, hay un margen en el que tenemos algo de maniobra. De hecho, todos conocemos a personas que, a pesar de las adversidades, ven con otros ojos la vida. Pero ¿cómo hacen?

Tal vez, a ti al igual que a mí, ya no te atraiga la idea de idealizar la felicidad. Lo que verdaderamente deseas es sentirte tranquilo contigo y mantener la calma en medio de las dificultades. Como bien dice un buen autor: «Buscar la serenidad me parece una ambición más razonable que buscar la felicidad. Y quizá, la serenidad ya sea una forma de felicidad».

Por eso, en este libro me gustaría hablarte de esa felicidad que viene de más adentro, que pasa por hacerte más consciente de quién eres. Se trata de adoptar unas prácticas que te lleven a una vida más plena, a conocerte desde el comienzo para relacionarte mejor contigo y con los demás, y a aprender a sobrellevar lo que la vida te depara con el fin de que construyas un concepto de la felicidad que te sirva a ti realmente.

1
Entendiendo tu pasado

La verdadera autoestima

Para comprender tu historia, necesitamos hacerlo de atrás hacia adelante porque hay capítulos que, aunque no los recuerdes con detalle, esconden piezas que son clave para entender cómo eres hoy y cómo te relacionas con los demás, ahí donde no podías elegir quién querías ser del todo, ahí hay muchas cosas que te llevan a ser como eres hoy en día.

¿Qué se te viene a la mente cuando escuchas la palabra «autoestima»? Hace años, cuando me preguntaban respondía que me venían a la mente esos artículos de revistas que te dicen que con 5 *tips* vas a lucir una autoestima despampanante. A veces tengo la sensación de que, con tal de vendernos recetas mágicas para todo, nos dicen cualquier cosa y nos la creemos. Ojalá fuese tan sencillo, pero la realidad es que no es así. Para trabajar nuestra autoestima tenemos que trabajar mucho, sobre todo en conocer nuestro pasado, entender de dónde venimos y cómo eso ha moldeado quienes somos el día de hoy. Quería comenzar hablando de la autoestima porque así comprenderás mejor cómo se ha formado con el pasar de los años, lo cual es fundamental para que te conozcas. Puede ser que a veces te apetezca ignorar el pasado, pero esto ya te digo que no funciona, porque es como si entraras a la película de tu vida; en la mitad de ella nunca vas a terminar de entender bien por qué pasan las cosas.

Entonces ¿por dónde tienes que comenzar? Por conocer tu pasado, sí. La autoestima se germinó en tu infancia, fue ahí en donde vinieron esos primeros lienzos para que pintases sobre ella, pero tú no decidías qué pinturas te tocaban, ahí está el detalle. Fuiste moldeando tu autoestima con lo que te fue otorgado a su momento.

Algo que a mí me ayudó a comprender mejor todo esto fue conocer primero un aspecto fundamental que viene antes que la autoestima, que se llama autoconcepto. Así como tenemos un concepto para otras cosas como las montañas, el sol o un libro, por ejemplo, también te formaste un concepto de quién eres tú, y esto lo fuiste construyendo desde muy pequeño. Esas primeras etiquetas de tu personalidad que te colocaron son tus primeros recuerdos sobre ti. Por ejemplo, yo aprendí que era cariñosa antes de ni siquiera saber el significado de esa palabra porque me lo decían mis papás a cada rato, y de repente comencé a incluirla en mi repertorio de rasgos de personalidad. Como me decían que era una cualidad buena, aprendí también a darle una buena valoración. Pero, escribiendo esto, recuerdo lo que me contaba Roberto.

Roberto era mi paciente. Él me contaba que, de pequeño, se recordaba muy alegre y le encantaba hacer deporte, pero que sus amigos, con los que jugaba al fútbol, se burlaban de él de todas las maneras posibles y lo dejaban siempre en el banquillo. Hasta que un día Roberto se cansó y comenzó a decir en su casa que no quería ir porque no era bueno en el deporte, que no se le daba, y que además tampoco le gustaba. ¡El fútbol le gustaba, claro que le gustaba! Lo que no le gustaban eran las burlas y el rechazo, ¿y a quién sí? Así que empezó a creerse lo que le decían los demás y lo que adoptó fue un mecanismo de defensa para no sentir más rechazo ni humillación. Fue lo que encontró para sentirse a salvo.

Me pregunto cuánto hemos dejado de hacer porque alguien nos dijo que no podíamos hacerlo o que no éramos capaces. Puede que haya muchas cosas que no recuerdes, pero de niños vamos por ahí recogiendo tanto críticas como cumplidos y lo vamos metiendo todo en una especie de cajita a la que le ponemos las etiquetas «Yo soy»: «Yo soy inteligente», «Yo soy guapa», «Yo soy obediente», «Yo soy tonto». Todo lo que nos decían no lo pasábamos por un filtro, sino que era santa palabra y punto, y todo lo interiorizábamos, lo bueno y lo malo, iba para adentro sin más. Y esto se debe a que cuando somos muy pequeños, no podemos desechar fácilmente lo que nos dicen porque no tenemos un pensamiento tan desarrollado en esas primeras etapas. Algunos de estos comentarios que recibimos en la infancia aún los llevamos como una etiqueta y de alguna forma por mucho tiempo han condicionado cómo nos autopercibimos.

Así que, esto no es algo que desaparezca así como así, no, de hecho, solemos arrastrar muchas de estas cosas hasta la vida adulta. Roberto no es el único, sino que lo hacemos todos en mayor o menor medida, e incluso puede que no recordemos las palabras que nos dijeron, pero nuestro cuerpo sí. De ahí vienen muchas situaciones que te generan miedo, tristeza, enojo, y a veces no sabes de dónde provienen, pero te hacen sentir inseguridad.

No todo es malo, claro que no. Puede ser que te hayan hecho sentir también muy bien, que te hayan llenado de palabras que te alentaban y te brindaran mucho apoyo y cariño, como que tu mamá te dijera qué bien te quedaban los vestidos, o lo inteligente que eras, lo bien que practicabas algún deporte, y esto fue moldeando tu autoconcepto y tu autoestima.

Las personas que te acompañaban en esos primeros momentos y te decían cosas sobre ti son las que contribuyeron para bien o para mal a formar tu autoestima en esos primeros años.

Por todo esto es que he querido comenzar explicándote que a la verdadera autoestima se le aprende a conocer de atrás para adelante, desde qué pensábamos como niños, porque comprender mejor esta etapa es conocer cómo funcionaba nuestra cabecita a esa edad y ver qué nos pudo quedar de esos momentos, y así puedes formarte una idea más completa de cómo tus experiencias te han moldeado. ¿Recuerdas qué pensabas de ti cuando eras pequeño? ¿Te pusieron apodos en casa o en el colegio? ¿O cómo te hacían sentir los demás? ¿Qué te decían que hacías bien o mal? Porque ahí están muchas cosas que te ayudarán a encajar las piezas en esos primeros años.

El origen de tu autocuidado

El autocuidado no se trata solo de que nos hagamos un *skin care*, comamos frutas y verduras o hagamos ejercicio, que también, pero el autocuidado es mucho más amplio, no solo se refiere a cuidarnos físicamente, sino también resulta que tiene que ver con cómo aprendimos a cuidarnos en muchos aspectos. Se trata asimismo de aprender a manejar nuestras relaciones, a cuidar nuestras emociones, a determinar si teníamos patrones de autocuidado lo suficientemente buenos para nosotros o por lo contrario desarrollamos patrones que no eran tan sanos. Ya te explico en breve de qué patrones te hablo.

Los patrones de autocuidado no surgen de la nada o simplemente porque sí, sino que respondían a nuestras emociones y necesidades desde pequeños; si alguien cuidó de ti y se preocupó por tu bienestar; por ejemplo, si se aseguró de que durmieras lo suficiente, comieras de forma saludable o te hiciera preguntas adecuadas sobre cómo te sentías. Si los que te cuidaron supieron colocar cómo te sentías en un lugar importante, ese «yo importo» estará ahí de manera natural. Si, en cambio, la crítica fue constante, puedes llegar a creer que tienes la culpa de muchas cosas que te suceden. Si crecemos con personas muy exigentes, será fácil acabar pensando que nunca somos «suficientemente buenos» o que tenemos que exigirnos de más.

A veces, las circunstancias no permiten que los padres se ocupen de las necesidades básicas y emocionales de sus hijos, tal vez por trabajos que los obligan a estar ausentes, por enfermedades que los consumen, porque la familia es tan grande que resulta difícil atender a todos por igual o simplemente porque no saben cómo hacerlo, y como no hay quién se ocupe de esto, no lo aprendemos a hacer nosotros mismos. Si, por el contrario, desde muy pequeñitos nos tocó encargarnos todo el tiempo de los demás, aprenderemos que la mirada estará puesta en los otros, en lugar de ocuparnos de nosotros mismos. A veces, la falta de un patrón de cuidado, la ausencia de rutinas o la imposición de normas por parte de figuras al cuidado pueden llevar a una desorganización en nuestra vida adulta: que dejemos las cosas a medio terminar, que no estemos tan pendientes de nosotros mismos o no sepamos poner límites.

Así como te cuidaron, aprenderás a cuidarte a ti mismo.

Conociendo cómo te aprendiste a vincular. Tu estilo de apego

La ecuación de la forma en la que aprendes a relacionarte vendría siendo algo como esto:

Relaciones con tus cuidadores = Tu relación contigo mismo =
La relación que tienes con los demás

Cuando me refiero a cuidadores me refiero no solo a tus padres, sino también a aquellas personas que estuvieron presentes de forma significativa y se encargaron de tu cuidado: tus abuelos, una tía o un hermano mayor si eran los que pasaban casi todo el tiempo contigo.

Al hablar de apego, no me quiero referir a ese amor que vemos de forma obsesiva cuando alguien nos gusta o estamos enamorados, sino al que en psicología definimos como una conducta instintiva para proporcionarnos seguridad cuando somos pequeños. Todos sin excepción establecemos un vínculo de apego, ya que necesitamos que los adultos nos cuiden.

Cuando eras pequeño no conocías nada acerca de cómo funcionaban el mundo y las relaciones, así que esas primeras interacciones fueron tus referencias, tu carta de invitación a relacionarte con los demás. Si tus vínculos con tus padres fueron seguros, tenderás a percibir el mundo como un lugar seguro, pero si no fue así, es muy probable que suceda lo contrario y que te cueste relacionarte con seguridad en la vida adulta.

El apego seguro: aquel que se siente seguro consigo mismo y también con los demás

El apego seguro se da dentro de un contexto de mayor seguridad, cuando los padres o cuidadores asumen la tarea de hacerse cargo de tus necesidades emocionales, te explican con cariño y paciencia lo que te ocurre, en líneas generales sientes que puedes contar con ellos. De este modo aprendes que el mundo también puede ser un lugar seguro, porque no tienes por qué dudarlo, las personas están ahí cuando las necesitas y esto te ayuda a sentirte seguro en esos primeros años. Esto construye una base tan fuerte que este sentimiento de seguridad nos acompañará durante la vida.

Las personas con este estilo de apego seguro se sienten más seguras y confiadas en sus relaciones con ellas mismas y con los demás. Podemos decir que:

- Poseen por lo general una buena autoestima.
- Confían en sí mismas y en los demás.
- Saben poner límites cuando es necesario.
- Pueden expresar cómo se sienten con facilidad.
- Se sienten seguras en la intimidad con otros.
- No temen mostrarse vulnerables o pedir ayuda.

El apego inseguro ambivalente: aquel que necesita asegurarse casi todo el tiempo de que no le abandonen

El apego ambivalente, también llamado ansioso o resistente, se caracteriza por la necesidad de sentir mucho contacto con la otra persona. La causa está en que en los primeros años el contacto no es predecible, a veces las necesidades de la persona se atienden de forma satisfactoria y otras veces no. Durante la infancia esto genera confusión y angustia, por eso su ambivalencia.

Sin embargo, se da en personas no solo con cuidadores que no eran predecibles, sino también con cuidadores demasiado predecibles, que son esos padres sobreprotectores, que no dejan que el niño explore su autonomía emocional o no le dejan casi ni moverse. Si un niño no tiene la oportunidad de hacer casi nada por el temor a que le pase algo, se caiga, se ensucie, se haga un rasguño, y el padre o la madre se ponen tan nerviosos hasta el punto de asustarlo, entonces este niño difícilmente aprenderá de quién regular sus emociones y sentirá limitaciones a la hora de moverse o hacer cosas por sí solo sin sentir angustia.

En la edad adulta, cuando se establecen vínculos afectivos, se tiende a priorizar mucho a la otra persona y algunos comportamientos en la relación se interpretan como una señal de abandono o falta de amor. Por ejemplo, si nuestra pareja se encuentra menos habladora o distante, enseguida puede que pensemos que exista algo que amenace la relación.

Este estilo de apego nos lleva a estar más pendientes de los demás, de nuestra pareja y de lo que tiene que ver con su vida que de nosotros mismos, y esto puede causar agobio. Sentimos dudas constantes sobre el futuro de la relación y creemos que cualquier descuido la puede poner en riesgo, de ahí la alerta continua y necesidad de mantener casi siempre el contacto. En el apego ansioso se observan en ocasiones comportamientos de control en las relaciones, aunque en el fondo no es control hacia el otro lo que se busca, sino calmar el miedo a sentirse abandonado.

Estas dinámicas que se viven durante la infancia acompañan a las personas en la forma de vincularse en su vida adulta:

- Por lo general son más inseguras y les cuesta valorarse a sí mismas.
- Sienten una profunda necesidad de tener a la otra persona cerca constantemente.
- Tienen un fuerte deseo de vincularse, pero lo hacen con temor.

- Les cuesta manejar sus impulsos.
- Buscan la aprobación externa más que en sí mismos.
- Les cuesta mucho reponerse de una ruptura, tanto que prefieren a veces continuar en relaciones que no les convienen antes que terminar.
- No les gusta estar solas.

Apego inseguro evitativo: aquel que a mayor distancia del otro siente mayor seguridad

¿Cómo va a ser eso posible? ¿Cómo va a sentir más seguridad a mayor distancia del otro? La respuesta está en que este tipo de apego se crea como resultado de ausencia, invalidación o rechazos continuos por parte de padres o cuidadores cuando se les ha buscado para que proporcionen alivio o seguridad. Si de pequeños lloramos y no nos atienden, o nos dicen repetidamente «No pasa nada, no llores por eso», o nos hacen sentir que no podemos contar con ellos, no nos va a quedar de otra que adaptarnos a la situación empleando comportamientos de evitación hacia lo que sentimos. ¿Ves por qué te digo que para conocernos tenemos que conocer nuestra infancia? Todo está relacionado.

El apego evitativo nos lleva a que en la intimidad exista un miedo a acercarnos mucho emocionalmente, aunque en el fondo deseemos relacionarnos. Quienes tienden a tener un estilo de apego evitativo son personas que parecen ser muy autónomas y autosuficientes, más racionales que emotivas, a las que les cuesta incluso aceptar los sentimientos y demandas de los demás. Tiene toda la lógica, ya que aprendieron a guardar distancia de sus relaciones y a distanciarse también de sus emociones, porque no les quedó de otra, por lo tanto, no saben tolerar muchas veces las emociones de los demás.

Podemos decir que:

- Se sienten extremadamente independientes y priorizan su autonomía ante cualquier cosa.
- Les cuesta conectar con los demás y demostrar cómo se sienten.
- Sienten que sus parejas les demandan demasiado tiempo o atención.
- Se sienten incómodos ante el compromiso.
- Les cuesta pedir o aceptar ayuda.
- Prefieren no tocar temas muy personales.
- Idealizan a menudo las relaciones.

Apego inseguro desorganizado: Ni contigo ni sin ti

Este tipo de apego oscila entre el evitativo y el ambivalente, mencionados anteriormente, esto es, cuando se duda entre necesitar o evitar al otro. En este estilo de apego los padres pudieron ser negligentes en el cuidado de sus hijos y pudieron maltratarlos, o quizá un día se mostraran presentes y en otro momento los dejaran llorar horas o los dejaran solos. Cuando esto sucede los niños entienden que sus padres no son un lugar seguro ni pueden fiarse de ellos, y ese temor y esa desconfianza los acompañan constantemente.

Entendiendo tu pasado

Aprenden que las relaciones no son un lugar para confiar, pero tampoco sienten que pueden confiar en ellos mismos.

En la edad adulta las relaciones que mantienen pueden saltar del amor al odio en un momento y son por lo general inestables. Estas personas buscan intimidad y luego se retiran de manera abrupta. Esto es así porque aprendieron lo que vieron: si presenciaron comportamientos abusivos como gritos, golpes, humillaciones, descuido, distancias prolongadas, es natural que esta sea su forma de vincularse, que no respeten límites, que traspasen líneas rojas, etc. Estas personas:

- Establecen relaciones disfuncionales.
- Son individuos impulsivos.
- Les cuesta mucho confiar en ellos mismos y en los demás.
- Pasan del amor al odio constantemente.
- Mantienen relaciones explosivas, al estilo montaña rusa.

Sin embargo, no todas las personas que poseen un estilo de apego desorganizado actúan de esta forma, algunas han sido capaces de reconocer muchas de estas actitudes para entender sus inseguridades y relacionarse de forma más segura.

A pesar de que leyendo esto puedes haberte identificado con alguno de estos estilos o con más de uno, quiero que sepas que lo estilos de apego no son etiquetas fijas ni diagnósticos; son solo una forma de comprender cómo nos relacionamos y cómo nuestras experiencias tempranas pueden haber influido en nuestra forma de vincularnos.

Heridas de la infancia. Comenzando a encajar las piezas de tu vida

Dicen que el pasado es un rompecabezas de piezas perdidas que, con mucha valentía y curiosidad, nos lleva a encontrar el sentido que buscamos.

Una tarde soleada una chica de treinta años llamada Sofía visitó mi consulta por primera vez.* Llegó con una ansiedad que la mortificaba. Sentada en frente de mí, Sofía me hablaba y, mientras lo hacía, notaba que sus manos no podían dejar de moverse, cogía el bolso, luego se acomodaba la blusa, bajaba la cabeza, se miraba como si buscara alguna arruga en su vestimenta, colocaba una mano sobre la otra, y no paraba de mover con sus dedos el listón de su pantalón. No hacía falta ser muy experto para saber que algo le estaba incomodando seriamente y que necesitaba ser expresado.

Comenzó a decirme que se sentía sola, agotada y que ya no podía controlar lo que le sucedía. Me dijo: «¡Quiero que esta maldita ansiedad se termine pronto!». Y en cuestión de segundos se echó a llorar. Podía sentir su impotencia, su frustración casi era palpable ante mis ojos y me temo que posiblemente también ante los ojos de los demás. Asentí con la cabeza para que supiese que la comprendía mientras le pasaba un pañuelo para que lo tuviese con ella. En ese

---

* Todas las historias que te contaré en este libro han sido modificadas para preservar la privacidad y proteger la identidad de mis pacientes.

momento le dije que me comprometía a hacer todo lo que estuviese en mis manos para ayudarla.

Sofía trabajaba para una empresa muy reconocida, pero que, a pesar de su éxito laboral, no se sentía al nivel de ella. Le costaba reconocer que el mérito de estar contratada durante años por esa gran empresa era únicamente de ella. Este no era el único tema en el que dudaba, solo era el principio. También dudaba de si acudir a mi consulta o no, me decía seguido: «Si estoy aquí es porque no sé qué hacer». Si yo hablaba, me interrumpía preguntándome si me molestaría que saliese a fumar. Esto me ayudó a entender que su inquietud por fumar no le permitía prestarme mucha atención, pero también entendí que si estaba allí era porque, pese a tapar sus emociones de esta forma, esto no había sido suficiente; al final aquello la conducía una vez más al mismo ciclo, sintiéndose más desdichada aún.

A menudo queremos evitar el malestar emocional con alcohol, cigarrillos, relaciones esporádicas o saliendo, pero esto solo nos sirve a corto plazo. Luego el escenario empeora, porque, cuando no le damos espacio a lo que realmente importa, las cosas solo pueden empeorar.

Así que Sofía salió a fumar, para aliviar momentáneamente lo que sentía. Cuando volvió le pregunté cómo solía cuidarse. Respondió que apenas se cuidaba, que estaba en múltiples proyectos y que, aunque en otros momentos se había dado cuenta de que era evidente que necesitaba un descanso, cuando salía a distraerse o estaba en la cama descansando le venían pensamientos de mucha presión y culpa: «Esto está fatal», «Da asco ese informe», «Tu rendimiento es vergonzoso». Entraba en un bucle de pensamientos que le originaban más ansiedad y no le permitía dormir ni descansar.

En su vida personal estos pensamientos también invadían su mente. Sentía como si una nube gris cubriera su relación de pareja, no creía que esta le correspondiese, tampoco que él se esforzara lo suficiente por ella. Sin embargo, no podía dejarle, aunque se sintiera invisible a su lado.

Cuando le pregunté qué pensaba él, me comentó que su pareja no le daba mucha importancia y que ella reconocía que le resultaba más fácil quedarse callada. Al final, siempre se autoconvencía pensando que todas las relaciones tenían sus problemas y que la suya obviamente no sería una excepción. Así que aproveché para preguntarle si esto le pasaba a menudo con otras personas y si recordaba algunos momentos en particular en donde esto sucedía. Tenía que saber de dónde venía esta creencia de Sofía y si era un patrón basado en la forma en que había aprendido a relacionarse y moldearse como persona.

Como dije al principio, cuidarse también tiene que ver con nuestra forma de relacionarnos con los demás. Resulto que sí, me confió que era la historia de su vida. Que le pasaba con sus amigos, con su mamá. «¡Soy una persona que vive por los demás, sé que soy un desastre!». Desde pequeña, su madre le gritaba constantemente, era muy estricta con ella, con sus estudios, con su forma de comportarse, de vestir, incluso se ponía nerviosa cuando lavaba los platos porque sentía que su mamá iba a llegar en cualquier momento a decirle que lo estaba haciendo mal, y esta percepción, en efecto, no cambió en su adultez. De hecho, cuando su pareja se paraba justo a su lado en la cocina, le parecía que sus ojos no se le despegaban de encima, al igual que lo había vivido con su mamá, aunque su pareja no diera muestras de este comportamiento en esos momentos.

Sofía había perdido a su padre cuando era muy pequeña, así que no tenía a quién más acudir. Tuvo que ayudar a su mamá en casa, haciendo tareas que no le correspondían a su edad, como cuidar a sus hermanos cuando aquella salía a trabajar, hacerles la comida, limpiar, atender al cartero, tender la ropa. Viéndola sentada frente a mí, no podía dejar de ponerme en su lugar imaginándome a esa niña que le tocó madurar a una edad muy temprana y que no pudo vivir su infancia como los demás niños. Me preguntaba cuántas veces Sofía habría intentado expresar sus emociones, pero optó por callar para evitar molestar a los demás. Efectivamente, aquí estaba una de sus más grandes heridas, el no ser vista ni reconocida por una figura significativa que le brindara apoyo y cuidado emocional. De pronto, todo encajaba, ya entendía por qué Sofía tampoco se animaba a compartir con su pareja y con los demás lo que sentía.

Cuando hay un patrón tan demandante en casa y de tanta exigencia, esa voz se queda grabada como una banda sonora en la cabeza y, a medida que vamos creciendo, nos ensordece, pero la hacemos nuestra y nos acompaña, como si fuese una voz que dirige nuestra forma de actuar y pensar. Ese diálogo tan crítico era el mismo diálogo que Sofía tenía en su trabajo y en su vida personal, ya que tenía de quién replicarlo. Tampoco supo ponerles nombre a sus necesidades, porque para esto no había tiempo en casa, sus hermanos eran más pequeños y necesitaban su cuidado. Tampoco había tenido la culpa de perder a su padre tan pequeña y que su madre, al verse tan sola, triste y estresada con toda la carga del hogar, necesitara, en lugar de una hija, a una mano derecha que le ayudase a mantener el orden en la casa. Esa fue la función principal de Sofía, ser la mano derecha de su madre, la que sostenía el hogar cuando su mamá no estaba, y esto moldeó su forma de relacionarse.

Este era el motivo por el que Sofía se cargaba de tanto trabajo siempre, no se daba tiempo para ella, estaba habituada a anteponer a los demás por delante ella y por eso era tan permisiva con todo. Como ves, **los guiones de vida no los elegimos cuando somos pequeños, se dan con nuestras personas significativas,** y estos roles nos pueden llevar a que actuemos del mismo modo con otros en una suerte de ciclo repetitivo, y eso al final es lo que se instaló en la casa de Sofía. Como siempre digo, cada vez que abrimos nuestro armario, encontramos esa ropa que vestimos desde hace años, la usamos como una especie de uniforme hecho a nuestra medida. De igual manera interiorizamos estos roles creados por las circunstancias y salimos con ellos día tras día llevando este modo de relacionarnos y haciéndoles sitio a personas con formas de comportarse parecidas.

Lo que vivimos es la misma trama, pero en la edad adulta cambian los personajes. No era una coincidencia que el novio de Sofía no le prestara atención ni la hiciera sentir importante. Ella había hecho un hueco en la mesa para una persona con un comportamiento similar al de su madre, no porque fuese el destino, sino porque era lo que había conocido desde el amor y el cuidado. La vinculación por trauma se da igual, aunque no nos traten tan bonito, porque cuando somos pequeños no nos queda de otra que adaptarnos para sobrevivir y, como no nos cuestionamos porque no conocemos otra realidad, llamamos hogar a cualquier cosa, sea bueno o malo.

Es por esto por lo que muchas personas eligen para sus vidas individuos con este tipo de patrones. Cuando no nos detenemos a ver de dónde viene esta repetición de experiencias, ni nos las cuestionamos, solo normalizamos cómo ha sido nuestra vida y continuamos por el mismo camino, quizá pensemos que es cuestión de suerte o que no depende de nosotros. En estos casos:

- No ponemos límites.
- Nos portamos como personas complacientes.
- Aguantamos cualquier tipo de abusos.
- Normalizamos las banderas rojas.
- Entramos en relaciones que no nos convienen.
- No nos creemos merecedores de cosas buenas.
- No hablamos de lo que nos pasa.
- Aprendemos a no hacerle hueco a nuestras emociones.
- Aceptamos que nos ignoren o maltraten como forma de amar.

Al final, pensamos que el destino nos pone a las personas ahí y no comprendemos que en realidad nosotros aceptamos mucho de lo que está ahí porque no lo hemos hecho de forma consciente.

Sofía, por ejemplo, se acostumbró a guardarse lo que

sentía, no sabía decir que no. Al crecer con una mamá tan estricta, esto hizo que aprendiese a no poner límites en sus relaciones y a permitir que los demás no se mostraran tan pendientes de su cuidado emocional. Además, encontró una manera de silenciar sus emociones fumando. Esto le ayudaba a tapar un poco el malestar del momento. Sin embargo, llegaría un punto en que su cuerpo no iba a aguantar más, y esto fue lo que le sucedió.

Para comenzar a tomar mejores decisiones para nuestra vida tenemos que saber qué ha sucedido con nuestros primeros años de vida.

Nos llevó un buen tiempo aprender nuevas dinámicas para hacerle frente a todo lo que Sofia había aprendido a tapar, reconocer sus emociones y poner límites. Tuvo que esforzarse en emplear estrategias para que pudiese tener otros patrones de autocuidado, ya no tan destructivos, y conectar con su cuerpo, con lo incómodo, con las heridas, con lo que sentía y que durante tanto tiempo no le quedó de otra que guardar. Ahora debía estar ahí con ella y con sus sombras para poder abrazar a la niña que en algún momento fue herida y no se sintió vista. Ahora ella, desde su posición de adulta, decidía tomar el control de lo que había ocurrido esos años de su vida.

Esto nos cuesta, pero **llega un momento en que ya no estamos ahí, ya no somos esos niños que un día se sintieron de esa forma y no podían decidir**. Llega un momento en que podemos dar voz y reconocer el malestar que por tanto tiempo fue olvidado y hacer algo con ello.

Cuando logramos entender nuestra historia sin juzgarla, sino tratándola con un profundo respeto, empatía y comprensión, podemos ver a esos niños que un día ocuparon nuestro lugar y que contaban con muy pocos recursos emocionales para sobrellevar las situaciones que la vida les colocaba por delante.

Sofía se permitió conectar consigo misma, con lo que sentía, comenzó a cambiar su diálogo interno, a responsabilizarse más de lo que sentía, a cuidarse más y a poner límites. Y cada vez los tenía más claros porque ahora al fin ella empezaba a verse. Esa chica que no apostaba por ella, que no se atrevía a decir nada que molestara a los demás por la culpa y el temor de que desapareciesen de su vida, ahora sentía más seguridad y confianza en ella misma.

Empezó a sacar tiempo para ella, para tener hobbies, hacer deporte, conocer más personas y no aceptaba más trabajos que no pudiese hacer. Cada vez más se sentía a la altura de su empresa y de hecho pidió un aumento de salario, cambió su vestuario, se mudó a un apartamento muy bonito que decoró con acabados rústicos pero modernos, y colocó muchas plantas para que le dieran más vida y energía a su hogar. Cambió su forma de relacionarse con los demás, incluso con su mamá, ahora establecía límites y, sí, también dejó a su novio, porque a veces a las personas que elegimos las elegimos desde la herida y, cuando la herida comienza a cicatrizar, ellas también lo hacen.

Sofía aprendió otras formas de amarse que le permitían ahora reescribir su vida, cuidarse mejor y dejar que la cuidaran de la misma forma. Lo maravilloso es que cuando aprendemos a mirarnos con otros ojos y a cuidarnos a nosotros mismos, todo lo demás mejora, **porque solo permitimos el mismo tipo de amor y de cuidado**.

El trauma y las heridas emocionales

¿Quiénes somos realmente antes de lo que nos toca vivir?

No somos lo que nos pasó, ni tenemos que vivir con ello por siempre.

Sé que hablar de la palabra trauma nos causa rechazo, lo sé. Pensamos que al no hablar de nuestras heridas las cosas van a diluirse, borrarse o bloquearse, y sí, se quedan bloqueadas dentro de nosotros, no es que se vayan a otra parte. Nos conectan con el malestar, con el sentimiento de vacío o de no ser suficientes, y en muchos casos nos hacen elegir una y otra vez a personas que no nos hacen nada bien. Es por eso por lo que me gustaría que te tomases unos minutos de tu tiempo para comprender cómo se originan las experiencias traumáticas.

El trauma no son solo esos eventos que ocurren en las películas de acción o de mucho drama, como incendios, secuestros o desastres naturales. Ante esto pensamos automáticamente: «Yo no he tenido ningún trauma». En realidad, es más complejo. Existen varios tipos de traumas, por ejemplo, traumas que atenten contra nuestra vida, traumas que se originan por malas experiencias en relaciones con los demás, traumas tras una separación, traumas tras experi-

Entendiendo tu pasado   41

mentar maltrato o una infidelidad. Vamos a centrarnos en los traumas asociados a nuestras relaciones de la infancia, los que en psicología se denominan «traumas de apego».

Un trauma de apego es lo que sintió Sofía cuando era niña. Se dan en contextos cercanos y donde deberíamos sentir seguridad y amor de forma natural durante la infancia para concebir una idea segura del mundo en el que vivimos. Estas heridas son como gotitas que caen dentro de un vaso, por si solas podemos pensar que no hacen mucho daño, pero cuando se acumulan, el vaso termina desbordándose.

Para entender el trauma en la infancia, tenemos que saber que lo que vivimos lo hicimos desde el lugar que ocupamos como niños, no como adultos. Intenta trasladarte a cómo veías las cosas cuando eras un niño. ¿Recuerdas cómo te sentías si alguien alzaba la voz? ¿O cómo vivías la emoción del miedo?, ¿o lo que sentías si te quedabas solo? Lo más probable es que lo hayas vivido con mucho miedo por lo vulnerable que eras, pues las heridas las vivimos también desde un lugar muy vulnerable.

Voy a ponerte un ejemplo de un trauma que, en realidad, está más relacionado con otro tipo de situaciones, pero que nos sirve para luego comprenderlo mejor. Si una vez pasaste un susto grandísimo en el mar y casi te ahogas, cuando vayas nuevamente no vas a entrar al fondo, ni de cerca, te vas a quedar en la orilla, allí donde te sientas a salvo. Igual que sientes miedo de meterte al fondo del mar porque notas una punzada en el estómago y un miedo intenso, también puedes percibir miedo en las relaciones, no solo porque tal vez hayas estado en una relación dañina en tu vida adulta,

42   Ahora yo decido

sino porque en tu infancia algunas personas respondieron de manera desproporcionada cuando solicitabas su ayuda, o te dejaban solo con tus emociones. Entonces es lógico que ahora te cueste pedir ayuda, que sientas que lo necesitas hacer todo solo y que, cuando vayas a generar una relación íntima con alguien, sientas esa punzadita que te dice: «No te confíes». Todos desde pequeños necesitamos que nos vean, nos den amor y nos hagan sentir seguros, y dependiendo de las circunstancias aprenderemos a responder de una manera o de otra.

Por ejemplo, algunas personas pueden pensar que nunca han vivido abandono emocional porque sus papás nunca se separaron, no se fueron a otra ciudad o siempre estaban ahí con ellos. Pero ¿qué significa estar presentes? El abandono emocional no solo se refiere a esto, que tu papá o tu mamá se hayan ido de la casa y te hayan abandonado. El abandono emocional se refiere también al acompañamiento que debías sentir cuando eras un niño, por ejemplo, ponerles nombre a tus sentimientos, explicarte con paciencia lo que vivías y no dejarte solo con tus emociones. Que te caigas y llores, y repetidamente te digan: «Ay, qué tonto eres, ¿por eso vas a llorar?», por ejemplo. Que sintieses que podías confiarles tus cosas sin miedo a que te castigaran o regañaran siempre, que te sintieras visto por ellos y validado, eso es estar presentes emocionalmente.

Si de niño te decían que tenías que ser perfecto en la escuela y no aceptaban una nota baja o no te celebraban cuando sacabas buenas notas porque para tus padres tu deber era cumplir en los estudios, es probable que hoy sientas que lo que haces nunca es lo suficientemente bueno o no tengas ni idea de cómo darte una palmadita a ti mismo para recompensarte o darte ánimos.

Si siempre te comparaban con otros y te hacían sentir inferior —«Aprende de tu hermana, ella sí hace las cosas muy bien, saca buenas notas», «Tú nunca te propones nada, por eso no logras nada»—, es muy probable que ahora sigas comparándote con tu hermana y con los demás, sintiendo que nunca alcanzas ese ideal.

La sobreprotección, que a veces solemos confundir con mucho amor y cuidado, tampoco es lo mejor porque si no tienes oportunidades de explorar y hacer las cosas por ti mismo al menos unas cuantas veces, siempre vas a recurrir a alguien que te diga qué hacer y luego de adulto te será difícil tomar decisiones, todo te costará más trabajo de lo normal y dependerás demasiado de los demás. Hay personas que llegan a su vida adulta con esa sobreprotección de los padres, así que les tienen que llamar varias veces al día, sienten miedo de hacer alguna actividad o tomar alguna decisión sin su permiso o aprobación, y viven la vida con temor a enfrentarse solos a ella.

Y claro, también están las experiencias más difíciles, como el maltrato más grave o el abuso, que marcan profundamente.

Hoy en día si alguien te insulta, es posible que te enojes, pero que te dé igual y no te resulte traumático porque tú no viviste este tipo de experiencias en tu infancia. Pero ahora imagínate que te insultan y que de niño te hicieron bullying en la escuela, se burlaban de ti a cada rato, te humillaban y te empujaban haciéndote sentir muy mal. En este caso puede que cuando te insultan lo revivas como esa parte de ti que se sintió indefenso en ese momento, que te quedes pensando mucho en esto o que te sientas sin energías o reacciones muy a la defensiva. Estas son respuestas que se tienen tras vivir una situación traumática.

El trauma tiene mucho que ver con que viviéramos esa experiencia completamente solos, sin una persona que nos cuidara o acompañara mientras eso sucedía

Un día conversando con un amigo sobre esto, me contaba que cuando le querían hacer bullying en la escuela, sus hermanos mayores siempre se metían a defenderlo y entonces los otros niños aprendieron a respetarlo. En ese momento pensé qué diferente a cómo lo puede vivir una persona que se siente totalmente sola y desprotegida, y aquí es donde se comienza a formar el trauma por eso miedo del que creías que no había escapatoria. El trauma tiene mucho que ver con que hayas pasado por ese momento a solas sin la protección o compañía de alguien, e incluso en tu vida adulta, si vives experiencias dolorosas, pero cuentas con la compañía de personas cercanas que te brinden apoyo, hay una gran posibilidad de que la experiencia no se convierta en un trauma como tal.

Puede que a simple vista nos cueste creer que estas cosas tengan tanto trasfondo en nosotros. Pero aquí no importa lo que tú y yo creamos, lo que importa es que el cerebro no puede procesar ciertas situaciones que vivimos porque le parecieron peligrosas, y cuando esto no es «digerido», por así decirlo, lo procesa como un evento trau-

Entendiendo tu pasado   45

mático que queda en nosotros y nos hace conectar con el malestar.

Cuando vivimos un trauma creamos respuestas emocionales porque nuestro sistema nervioso necesita defenderse para encontrar una manera de sobrevivir a esas situaciones. Nuestro cerebro tiene un mecanismo llamado disociación, un mecanismo de defensa que nos protege de un dolor concreto y nos desconecta. Se trata de una sensación similar a la que experimentamos cuando alguien nos habla y nosotros nos quedamos como desconectados de la realidad y de lo que nos están diciendo en ese momento. Sin embargo, que no lo recuerdes no significa que lo borraras: el trauma continúa ahí, aunque no lo recordemos del todo. La disociación no es nuestro único mecanismo de defensa, también contamos con los siguientes mecanismos:

- **Lucha:** el sistema nervioso se pone en hiperactivación, es decir, hace todo lo posible para luchar ante esta situación; nos ponemos a la defensiva, gritamos, respondemos con irritabilidad. Puede verse a través de la necesidad de defendernos constantemente, de tener comportamientos excesivos de control, buscar confrontaciones.
- **Huida:** el sistema nervioso se hiperactiva, huimos, no ponemos límites, nos vamos de casa para evitar la confrontación. También podemos encontrarnos en un estado hipervigilante y con mucha ansiedad.
- **Congelamiento:** podemos sentir que nos quedamos como bloqueados sin hacer nada, con un sentimiento de apatía, sensación de vacío o no tener muchas

ganas de movernos, como si estuviésemos muy bajos de energía.

El cuerpo registra todo lo que nos sucede. Esto es parte de una memoria somática que, a pesar de que no recordemos el acontecimiento traumático, sí recordamos cómo nos sentimos. De modo que es posible que:

- Pases por un sitio y de pronto sientas escalofríos porque te activó una experiencia desagradable.
- Tengas un sentimiento de rechazo constantemente.
- Revivas alguna emoción desagradable cuando hablas con alguien porque algo de lo que ha hecho o dicho te ha recordado a otra cosa.
- Sientas abandono en tus relaciones por no haberte sentido acompañado emocionalmente.
- Te cueste confiar.
- Necesites comprobar constantemente el amor de los demás.

Las veces que reaccionamos a algo también estamos reaccionando a lo que, en el pasado, nos sucedió

El trauma no solo está ligado a las respuestas del momento, sino también a las respuestas que ocurrieron hace tiempo. ¿Recuerdas que te mencioné el caso de Sofía? Ella se ponía nerviosa cuando su pareja se acercaba mientras lavaba los platos en la cocina. Esto ocurría porque su sistema nervioso se hiperactivaba, haciéndola sentir como cuando su madre le gritaba, la insultaba o le decía que todo lo hacía mal. Su madre siempre estaba atenta a cada uno de sus movimientos, señalándola constantemente. Por eso, cada vez que alguien se acercaba mientras ella realizaba esta actividad (o muchas otras), revivía esa sensación de incomodidad y angustia. **El trauma es la forma en que nuestro cuerpo y mente reaccionan en el presente ante experiencias no resueltas del pasado.**

¿Cómo saber si tienes algún trauma?

Reconocer el trauma no es tan sencillo como rellenar un cuestionario. Sin embargo, vamos a tratar, con algunas preguntas, de explorar si hay ciertas etapas de tu vida que puedan indicar que atravesaste experiencias difíciles. Si esto te incomoda mucho o te causa un gran desagrado, te recomiendo abordarlo con un profesional:

1. ¿En casa te dejaban a solas mucho rato siendo pequeño?
2. ¿Te mudaste varias veces de casa, ciudad o colegio?
3. ¿Sentías que no podías buscar apoyo en tus seres queridos?
4. ¿Minimizaban lo que sentías o lo invalidaban?
5. ¿Recuerdas que en el colegio o en casa te ponían apodos que no te gustaban o te sentías aislado?
6. ¿Tus figuras paternas te involucraban en sus discusiones o peleas?

7. ¿Viviste algún tipo de abuso sexual?
8. ¿Te hicieron bullying?
9. ¿Presenciaste violencia entre tus cuidadores? ¿Gritos, peleas subidas de tono, humillaciones?
10. ¿Alguna de tus figuras de apego te dejaba de hablar como forma de castigo?
11. ¿Sentías que tenías que esforzarte por ganarte el cariño de tus seres queridos?
12. ¿Te sobreprotegían la mayor parte del tiempo?
13. ¿Te hicieron sentir que eras una carga de niño?
14. ¿Tuviste que cuidar a algún adulto mayor o cargar con la responsabilidad del cuidado de alguien más pequeño?
15. ¿Te comparaban constantemente con los demás?
16. ¿Alguna vez sentiste que tus necesidades básicas, como comida, ropa o atención médica, no eran una prioridad?
17. ¿Te solían hacer comentarios sobre tu vestimenta o tu cuerpo en forma de críticas?
18. ¿Creciste con personas muy perfeccionistas?
19. ¿Falleció algún ser querido importante para ti cuando eras pequeño?
20. ¿Tuviste que hacerte cargo de alguno de tus padres u otro miembro del hogar?
21. ¿Sentías que expresar tus emociones era una molestia para los otros?

Hemos hablado de la infancia y mencionado temas un poco difíciles de tratar que puede ser que hayan tocado un poquito tu corazón. Esto no tiene por qué ser del todo malo, duele porque hay heridas, pero que las reconozcamos también nos permite poder mirar aquellas sombras que están escondidas y que al verlas y ocuparnos de ellas es más fácil que avancemos. Reconocerlas nos hace saber que ya no estamos en el mismo lugar de antes porque ahora sabemos qué nos duele y qué nos hace reaccionar. Esto no es un proceso rápido ni fácil, pero es posible. Puedes empezar a ser amable contigo mismo, a perdonarte por las decisiones que tomaste de acuerdo con lo que aprendiste en tu niñez. Recuerda, tu pasado no te define, y comenzar a sanar es el primer paso hacia una vida más libre.

Quizá no tengas un trauma y no te sientas reflejado con nada de lo que aquí hablamos, sin embargo, si te identificas, comenzar a explorar heridas que pudieron darse en la infancia y tener un poco de información sobre los acontecimientos nos pueden ayudar a explicar nuestras reacciones el día de hoy, por qué pensamos lo que pensamos o cómo nos relacionamos, y reconocer que esa personita que está ahora aquí no tiene la culpa de nada de lo que pudo suceder en su pasado. Lo importante es empezar a conectar los puntos de nuestra vida y comprender cómo hemos llegado hasta aquí para que nos sea más fácil comprender nuestra vida actual y sanar lo que en su momento dolió y seguimos arrastrando.

Cómo sanar tus heridas emocionales

Para sanar nuestras heridas primero debemos ver dónde dolió, a qué edad dolió, exactamente qué dolió para determinar si lo que vivimos ahora es producto de aquella situación del pasado. Quiero decirte que las heridas traumáticas puede que no sanen solo porque las racionalicemos o las trabajemos desde una parte cognitiva; es un proceso mucho más complejo, porque el trauma queda aislado en el cuerpo y en el sistema nervioso.

Sin embargo, te propongo un ejercicio de autocompasión para conectar con tu yo más pequeñito.

Cierra los ojos y, a través de tu imaginación, trasládate al pasado. Visualízate en los lugares donde solías estar, recuerda lo que hacías, cómo lucías físicamente, cómo era tu rostro, cómo te sentías, puedes imaginarte jugando en el parque o en la que era tu habitación, por ejemplo. Ahora, imagina que tu parte adulta se acerca a tu yo pequeño. Si alguna vez sentiste alegría o miedo, permítete estar ahí para ti mismo de la manera en que necesitabas en ese momento. Acércate con ternura, puedes abrazarlo, tomar su mano con delicadeza, llenarlo de amor, como lo harías con un niño pequeño. Dile que ahora estarás ahí para cuidarle y acompañarle.

De este modo, poco a poco, fortalecemos nuestra parte adulta, entrenándola para tomar el mando del cuidado, la compañía y la contención que nuestro niño interior aún necesita. Porque, aunque crezcamos, esa parte pequeñita y vulnerable aún continúa viviendo en nosotros.

Conecta con esa parte más joven de ti.

¿Qué te gustaba hacer cuando eras niño? ¿Recuerdas cómo eras? ¿A qué te gustaba jugar? ¿Cuáles eran los juguetes y juegos que más disfrutabas? ¿Qué te hubiese gustado intentar? ¿Cuál fue el primer sueño que recuerdas tener? ¿Qué te hacía sentir feliz cuando eras niño/a?

Responde a continuación a estas preguntas e intenta hacer algo con esto en algún rato.

2
Comenzando a llevarte mejor contigo ahora

Tus emociones

Aunque no lo creas, una de las cosas que te ayudará a conocerte es conocer tus emociones, porque las emociones utilizan un lenguaje con el que, **si aprendemos a decodificarlo, nos resultará más fácil captar todo lo que nos pasa**. Son como un radar que llevan su propio manual, y cuando entendemos cómo funciona, la vida nos resultará más sencilla y predecible, créeme.

Las emociones son corpóreas y se sienten en el cuerpo, por eso es sumamente importante que comiences a escuchar a tu cuerpo. Por ejemplo, cuando suspiramos profundamente, sentimos más tranquilidad, y al reflexionar, nos damos cuenta de que esa calma proviene de haber establecido límites saludables en nuestra vida o de haber tenido una conversación incómoda en la que aclaramos muchas dudas sobre algún tema en particular y que nos estaban haciendo darle mil vueltas.

Las emociones te van a hablar, aunque tú no quieras

Como vimos en el primer capítulo, las emociones de Sofía la condujeron a pedir ayuda porque, aunque tengan mucha paciencia y aguanten mucho, también explotan y gritan para que las escuchemos. Podríamos pasar horas hablando de todas las maneras en las que tu cuerpo puede explicarte que lo que sientes y padeces tiene una raíz emocional, pero nos daría para otro libro.

El primer paso para comprender las emociones es no verlas como buenas o malas, aunque muchos textos las definan así. Es cierto que algunas no producen placer, pero todas sin excepción te transmiten algo sobre ti, algún límite que necesitas poner, un comentario que te desagrada, un momento de profundo dolor. Imagina que alguien te hiciera un comentario injusto sobre ti o tu familia y te lo tomaras como si nada, lo lógico es que te cause alguna emoción desagradable. **Así que déjalas ser, porque ellas están siendo ellas para que tu actúes en consecuencia y busques solucionar las cosas**, establezcas límites o lo que sea que te haga sentir mejor.

Conoce tus emociones

Cuando somos niños, necesitamos que alguien esté atento a nuestras necesidades emocionales, que reconozca nuestro dolor, nuestras molestias y nos enseñen a procesarlo. Aprendemos a reaccionar por medio de los gestos, palabras y acciones que nuestras principales figuras exhiben ante nosotros. Si ante un tropiezo o que se nos derramara algo nuestros padres reaccionaban casi siempre regañándonos y diciéndonos palabras fuertes, aprenderemos a sentir culpa sobre muchas cosas. Si nos caíamos y se ponían siempre muy nerviosos y reaccionaban de forma alarmista, entonces nosotros adoptaremos esas respuestas emocionales de alarma o de miedo, porque los adultos que nos acompañaron no tenían buenas estrategias para regularse ellos mismos.

Por el contrario, si se preocupan porque es natural, porque te has hecho daño, pero a la vez te abrazan con cariño, te dicen que está bien llorar, pero que esto se soluciona con una tirita, te transmitirán seguridad y aprenderás que ese dolor que sientes es pasajero. A partir de sus gestos, palabras y acciones aprendes a calmarte y sabes que esto no será algo catastrófico.

Estos son algunos ejemplos para que puedas ver cómo eran las primeras reacciones emocionales que viste y que acaso comenzaron a moldearse en ti:

¿Qué emoción ha estado más presente en tu casa y en las personas que han estado cerca de ti? ¿Puedes recordar cómo eran sus reacciones y si algunas se asemejan a tu forma de reaccionar ahora? ¿Gritaban casi siempre cuando se enojaban? ¿Eran pacientes? ¿Estaban de buen humor o más preocupados?

Vamos a hacer este ejercicio. Marca con una x la emoción que te resuene. Esto será un punto de partida para comprender mejor tus emociones.

Comenzando a llevarte mejor contigo ahora

Emoción	Emoción frecuente en ti	Emoción no frecuente en ti	Emoción frecuente en las personas que te cuidaban	Emoción no frecuente en las personas que te cuidaban
Alegría				
Rabia				
Tristeza				
Asco				
Miedo				
Vergüenza				
Preocupación				

Las emociones con mala fama

La ira: una emoción que muchas veces nos sirve para poner límites y cuidarnos. De forma natural nuestro organismo se prepara para defenderse cuando se siente atacado. La ira casi siempre tiene prisa en salir, o puede ser que algo te moleste y te lo guardes y no lo digas en el momento, pero más tarde saldrá en forma de una mala respuesta, un mal gesto o una acción que no quieras tener. O puede que algo te molestara en el pasado y no lo dijeras en su momento y luego sientas que debes defenderte constantemente. Con la rabia se necesita hablar y mediar mucho con ella, sobre todo comprenderla y entender lo que te dice.

Camila, una paciente, me confesó un día que el fin de semana anterior se había sentido un poco mal por su manera de gestionar sus emociones. Había ido con sus padres a un restaurante a celebrar su aniversario. Lo pasaron muy mal porque la comida les había llegado fría, había mucho ruido y los camareros apenas podían atender a los clientes, que ese día eran muchos. Así que intentó aguantar y disimular su enfado, pero en un momento dado perdió los papeles y comenzó a gritarle a un empleado, que la miró con asombro y le pidió disculpas. Esto hizo que Camila se sintiera mal, estaba muy molesta, pero también sabía que el personal no tenía la culpa de la mala gestión del restaurante. Ella no quería ser el tipo de persona que le grita a otras y menos a alguien que solo cumplía normas.

Esto hizo que se quedara días pensando y sintiéndose muy culpable. Le dije que pensáramos en un plan para que pudiese reaccionar diferente si llegaba a encontrarse en una tesitura similar. Le pedí que pensara nuevamente en la situación y se enfocara en lo que había sentido en su cuerpo. Recordó que se le aceleró la respiración, que se comenzó a agitar, así que en ese momento pudo haber respirado para calmar lo que sentía. También pensó que le habría gustado pedirle al mesero ir a un lugar donde se pudiesen entender mejor porque el ruido también dificultaba la comunicación, y esto la estaba haciendo enojar más. Luego le habría pedido hablar con la persona encargada de tomar las decisiones, todo menos gritarle de la forma que lo hizo esa noche.

Tras esta reflexión se sintió mejor, porque le permitió entender que a veces la rabia puede ser muy potente y si no nos damos el espacio para atender lo que sucede en nuestro cuerpo, puede llevarnos a reaccionar de una forma que no deseamos. Por eso, pensar en un plan de acción nos permite estar más pendientes de lo que sentimos para ver si así regulamos esa emoción en el cuerpo primero, sin reaccionar por impulso.

Para que no nos secuestren nuestras emociones, siempre es bueno que pensemos cómo nos hubiese gustado reaccionar y creemos un plan. En este sentido estas preguntas son importantes: ¿cómo hubiese podido gestionarlo mejor?, ¿cómo se querría comportar la persona que quiero ser?, ¿qué tono de voz hubiese utilizado? ¿Me gustaría la próxima vez respirar unos segundos para calmarme? Más adelante veremos cómo podemos atender nuestras emociones.

La ira puede presentarse así: respiración acelerada, tensión corporal, subida de la temperatura corporal, sentir las orejas y la cara caliente, la mandíbula tensionada, dolor de cabeza. Intenta responder a esto:

- ¿Qué te hace sentir enojo?
- ¿En qué parte del cuerpo sientes normalmente esta emoción?
- ¿Cómo la sueles gestionar?
- ¿Qué te gustaría mejorar de tu manera de gestionar?

La tristeza: una emoción que tiene mala fama por tantos mensajes que hemos recibido a lo largo de nuestros años, así que es normal que nos confundamos y queramos evitarla. Era un secreto a voces, los adultos no se dejaban ver llorando nunca, porque se pensaba que estaba mal y que podrían transmitir un mensaje negativo. La verdad es que ayuda mucho que nos expliquen que llorar también es necesario, porque nos prepara para asumir los momentos tristes de la vida a los que con certeza nos enfrentaremos, ya que el dolor es inherente a la vida y cuantas más herramientas tengamos para sobrellevarlo se nos hará más fácil y comprenderemos que también es pasajero, en lugar de evitarlo siempre.

Seguro que en nuestra niñez escuchamos este tipo de mensajes: «¿Vas a seguir llorando por eso?», «¡Eres demasiado sensible!», «¡Ya eres mayor para llorar!», «¡Ahora no es momento de llorar!», o mensajes que me parten el corazón, como: «Hijo, ¡qué bueno, ya eres mayor porque no lloras!». Con esto lo que la sociedad nos transmite es que no somos aceptados cuando somos vulnerables. La tristeza es una emoción como cualquier otra. Imagínate que cuando estás alegre y algo te da risa te tuvieses que tapar la boca todo el tiempo para no reír, qué raro sería, ¿no?

Pues no se puede. La tristeza es una emoción también potente, nos obliga a parar, a tocar fondo, nos fuerza a prestar atención a nuestros sentimientos para reflexionar. La tristeza ha de salir muchas veces en forma de lágrimas para expresar lo que sentimos para llegar a nuestra capacidad reflexiva; aunque no lo creamos, nos permite avanzar y posibilita que algo se libere y se transforme. Taparla, salir de fiesta y tomarte mil vinos no funciona, esa estrategia solo funciona a corto plazo porque luego la tristeza se hará más potente. Tal vez te diga que debes buscar una conexión emocional, estar más pendiente de ti, hablar de lo que sientes con alguien o distanciarte de personas que no te hacen bien. Tendrás que descifrar cuál es el mensaje que quiere hacerte llegar.

La tristeza se manifiesta, tal vez, como una opresión en el pecho que puede extenderse por los costados hacia la espalda, una sensación de presión en la garganta, que no te den ganas de moverte, como si perdieras energía o agotamiento. Intenta responder a esto:

- ¿Qué te hace sentir triste?
- ¿En qué parte del cuerpo sientes normalmente esta emoción?
- ¿Cómo sueles manejarla?
- ¿Le das espacio o la sueles ignorar?
- ¿Qué haces cuando sientes tristeza?

El miedo: una emoción que, como bien sabemos, nos protege de muchas situaciones. Ya le echó una mano a nuestros ancestros, que vivían en cavernas y tenían que protegerse de que un oso los atacara. Sin embargo, se puede presentar también cuando sales de tu zona de confort, cuando te lanzas a un nuevo proyecto, tienes que hablar en público o entras a una nueva relación. A veces tenemos que escucharlo, pero otras no debemos hacerle mucho caso porque nos puede detener a la hora de enfrentarnos, por ejemplo, a nuevos desafíos, trabajos, relaciones, cambios positivos que en el fondo buscas. Por tanto, tendremos que llevarlo de la manita y decirle que todo estará bien, que le agradeces que se presente en tu vida para protegerte y cuidarte, pero que debes continuar hacía adelante.

El miedo se manifiesta como presión en el estómago, tensión corporal, corazón acelerado, presión en el pecho, sudores, insomnio, cambios de apetito.

Una forma de trabajar el miedo es a través de la respiración para regular cómo te sientes, y a medida que la sensación de miedo disminuye tendrás las ideas más claras. Claro que, si un día llega el oso, por favor, corre, no te detengas a respirar. Intenta responder a esto:

- ¿Qué te hace sentir miedo?
- ¿En qué parte del cuerpo sientes normalmente esta emoción?
- ¿Cómo la sueles gestionar?

La envidia: una emoción sí que se ha ganado el premio de «las emociones malas». «Siento envidia» no es algo que solemos expresar o reconocer con facilidad.

Nos cuesta decir: «Siento envidia porque mis amigas tienen pareja y yo no» o «siento envidia porque quiero un trabajo como el de mi amigo porque es mejor y le pagan mejor». Todos podemos envidiar algo de alguien y también pueden envidiar algo de nosotros, aunque no lo creamos. La envidia también ocurre como una emoción natural, muchas veces deseamos unas condiciones de vida mejores y esto no nos convierte en malas personas.

Sin embargo, si no se gestiona bien, la envidia nos puede llevar a destruirnos, criticar a los demás, sentirnos mal todo el tiempo, compararnos con otros, incluso hacer cosas de las que luego nos podamos arrepentir. La envidia, cuando es bien gestionada, nos permite desde un lugar más amable reconocer que es una emoción más, que tal vez apreciamos y admiramos algo de otra persona, y que nos puede ayudar a ver cómo lo lograron e inspirarnos para luchar por eso o comprender que también podemos vivir otras experiencias.

Cada persona tiene su vida, y sé que esto a veces puede parecernos injusto, pero no es sano caer en esos pensamientos que nos conducen a destruirnos por haber tenido menos oportunidades. **Muchas veces hacemos lo mejor que podemos desde el lugar en el que nos encontramos**, y compararnos no solo es injusto, sino que nos puede llevar a dejar de centrarnos en nosotros por estar pendientes de la vida de los demás. Yo a veces he sentido que algunas personas alrededor de mi han tenido la vida mucho más sencilla, y lo mantengo porque ha sido así, pero no pienso sentirme culpable por eso, todos hemos tenido vidas distintas y hemos hecho lo que hemos podido, muchas veces con los que nos fue asignado. **Lo mejor es ocuparnos de lo que sí podemos conseguir y nos hace sentir bien en nuestras vidas.**

La apatía: una emoción que llega como un desgano crónico que puede estar relacionado con que no estés llevando una vida enfocada en lo que realmente quieres, un momento muy estresante para ti o una etapa en tu vida en la que has puesto mucho empeño en algo que quieres y te has olvidado de tener tiempo para ti y conectar con lo que de verdad importa. Necesitas reflexionar mucho sobre aquello que te puede dar un propósito en la vida. Sé que puede ser difícil encontrar la raíz de la apatía; sin embargo, no dejes de intentarlo porque también se puede mejorar cuando te encuentras en tu autocompasión contigo mismo, te haces cargo de tus heridas y vives tu vida alineándote con tus valores y lo que realmente te importa.

La culpa: una emoción que puede estar presente en nosotros desde la niñez, que la podemos haber llegado a interiorizar de tal manera que nos hemos acostumbrado a sentir culpa por muchas cosas. Si de pequeños no nos escuchaban como necesitábamos y encima nos regañaban, nos exigían de más, se nos caía algo y todo el tiempo pasábamos castigados, entonces a la mínima discusión con alguien o al mínimo error que cometamos la culpa se sentará al lado de nosotros. Lo mejor es hablar con la culpa, preguntarle por qué está ahí, si realmente es necesario que se aparezca tantas veces en tu vida, y tratar de detectar cuándo se manifiesta para darle un trato distinto y que no dirija tu vida.

La ansiedad: ¿qué te puedo decir de ella? Los que la conocemos muy bien sabemos que puede llegar a escalar a tantos niveles en la medida en cómo la ignoremos e ignoremos lo que nos sucede. La ansiedad es adaptativa, es decir, se va a presentar, igual que el miedo, en situaciones en donde sienta que necesite estar presente, por ejemplo, un examen muy importante para el que llevas mucho tiempo preparándote. Y también se vuelve desadaptativa porque puede llegar a formar parte de tu día a día, puede presentarse casi por cualquier cosa, si no llegamos a descubrir su raíz. Y vivir así es sumamente frustrante, porque suele ser una emoción bastante incómoda que viene acompañada de muchos síntomas físicos, cognitivos y emocionales, no tan agradables que se diga.

Se manifiesta en el pecho, según sube la intensidad se siente como un ardor bastante intenso, sensación de ahogo, de que te falta el aire, que te cueste tragar, como pensamientos intrusivos constantes o, por ejemplo, tener ganas de vomitar o ir al baño.

Recuerdo algo que le sucedió a una paciente; su nivel de ansiedad había llegado a tanto que ya había escalado a ataques de pánico. Era médica, así que, claro, el no dormir bien, no tener un buen autocuidado eran cosas sumamente básicas. Además, su mamá era mayor y necesitaba cuidados, tenía problemas con su pareja que siempre barría debajo de la alfombra y nunca hablaba. Nunca hablaban sobre estos asuntos y la situación cada vez se hacía más tensa, la convivencia, el tener que compartir una casa sabiendo que algo les afectaba.

Así que comenzó a darle solución a lo que sentía, a hablar con su pareja de lo que pasaba, a tratar de llegar a acuerdos y al tiempo empezó a cambiar su estilo de vida, a hablar de las cosas que necesitaba y aplicar herramientas para su día a día… Cuando estuvo mejor me dijo algo muy bonito, que lo llevamos de enseñanza en terapia; la ansiedad te hace sentir tanto en el cuerpo que luego no te es tan difícil empatizar con cómo otra persona se pueda llegar a sentir. Me decía que cuando atendía a sus pacientes y se quejaban, muchas veces no los escuchaba, pensaba que exageraban, que el dolor era muy poco. Sin embargo, ahora entendía que no, que, si puede ser molestoso para ellos, entonces lo es; ahora puedo llegar a comprenderlos mucho mejor y los escucho más y los entiendo mejor. Respondí: «Bueno. De alguna forma pasar por todo lo que pasaste te enseñó a comprender en profundidad lo que tu sentías y ser vulnerable a comprender mejor a tus pacientes, y eso solo te puede convertir, además de en una mejor profesional, en una persona más humana».

Las emociones son como nuestro GPS, si no las escuchamos, siempre vamos a estar perdidos buscando el camino.

Te recomiendo una película que suelo sugerir en consulta para comenzar a trabajar las emociones, se llama *Intensamente* o también *Del revés*. Te va a explicar mucho mejor lo que está resumido aquí.

¿Aprendiendo a sentir tus emociones?

- **Aprende a reconocerla en ti:** vete a un lugar tranquilo donde puedas escuchar tu voz. Cuando sientas la emoción pregúntate qué estás sintiendo en el cuerpo en ese momento. ¿Hay alguna parte de tu cuerpo que sienta más tensión? ¿Qué parte es? ¿En dónde la sientes más?
- **Ponle nombre a lo que sientes sin juzgar:** cierra los ojos y piensa en un momento que hayas sentido rabia, miedo, tristeza. ¿Qué hiciste? ¿Cómo lo gestionarías ahora? Si no te viene esa emoción conecta con la que sientas ahora, tristeza, ira, alegría o preocupación.
- **Pregúntate:** «¿Estoy teniendo un pensamiento o sentimiento de tristeza?». Esto te permite tomar perspectiva de lo que estás sintiendo para detenerte por unos segundos e identificar en ti la emoción y reconocerla como algo que no eres tú, sino que es un

sentimiento que estás notando. Esto te dará un mayor manejo sobre la emoción que sientes.

- **Pregúntate por que la estás sintiendo:** ¿qué fue lo que te detonó sentir esto? ¿Es la primera vez que lo sientes por este motivo? ¿En qué otro momento ha pasado? Cuando nos detenemos a reflexionar sobre lo que sentimos, estamos llevando a cabo un proceso de gestión emocional porque nos permitimos distanciarnos de lo que sentimos y esto hace que nuestra emoción baje un poco para que podamos hablar con ella y controlar nuestra agitación, respiración acelerada, tensión, etc.

No siempre tenemos que racionalizar, también tenemos que sentir la emoción, porque la emoción debe ser sentida para que pueda ser elaborada.

Otras formas de regular tus emociones

Cuando sientas que estás teniendo pensamientos en bucle

Una forma de cuestionar tus pensamientos o la forma en la que te hablas es preguntarte cuáles son los pros y contras de esto, cómo te sientes antes y después de pensar de esta manera, y si lo que sientes puede tener solución.

Por ejemplo, si le estás dando muchas vueltas a una situación que no está en tus manos y no depende de ti, pero aun así te vienen estos pensamientos en bucle. Dedica unos minutos específicos al día para pensar en esto (si se puede), por ejemplo, a las 6 p.m. Así tendrás un espacio para procesarlo sin que invada todo tu día. No se trata de ignorarlos, sino de no darles poder todo el tiempo, destinar un tiempo específico a pensar en ellos.

Cuando tengas emociones difíciles como la tristeza.
Un kit de emergencia

Tener a mano alguna cajita con cosas que te ayuden a sobreponerte, por ejemplo:

- Tarjetas con frases que te calman.
- Afirmaciones como «Tranquila, las emociones también pasan, vas a sentirte mejor, escucha a tu cuerpo».
- Auriculares para escuchar música.
- Fotos que te traigan lindos recuerdos.
- Algo especial que te hayan regalado. Yo, por ejemplo, guardo dibujos y cartas que me han regalado mis sobrinos.
- Una prenda con olores que te gusten o te traigan recuerdos para activar los sentidos.
- Fotografías de tu infancia para recordarte que siempre has estado contigo.

Cuando experimentes emociones como la rabia,
la técnica de tiempo fuera

Cuando comiences a notar que algo cambia en tu cuerpo y que tal vez no puedes hablar con alguien porque vas a tener una respuesta fisiológica bastante activada, sal un rato, date un tiempo fuera de la situación, ve a respirar unos minutos hasta que te calmes. Puedes salir a caminar unos minutos y vuelve cuando te sientas preparado para tener esa conversación pendiente o para reflexionar sobre la situación.

Si estás sola con esa emoción, igualmente ve a dar un paseo, respira unos minutos, camina, mueve tu cuerpo, date una ducha caliente o escucha música que ayude a relajarte.

En una situación de emergencia motivada por la ansiedad o un ataque de pánico

Quiero dejar claro que si no se busca la raíz de lo que nos produce ansiedad es como tomar algo para el dolor que nos lo alivia un rato. La ansiedad no se controla, sino que se aprende a tratar.

- Intenta ir a un espacio abierto y respirar, si es posible mira el cielo, mira un árbol, esto produce calma.
- Utiliza afirmaciones positivas: «Va a durar unos segundos», «Esto es pasajero», «Ya voy a estar mejor».
- Lleva una botellita de agua contigo, hidrátate un poco, le estarás diciendo a tu cerebro que no estás corriendo peligro, porque, si no, no podrías detenerte a tomar agua.
- Si tienes mucha ansiedad evita la cafeína, el alcohol, los energizantes, refrescos como la Coca-Cola, porque la disparan. Por supuesto, lo más recomendable es consultar con un especialista.

Otras formas en las que te puedes ayudar cuando no se trate de una emergencia

Utiliza técnicas del *grounding* para entrar en calma con el momento presente. Consiste en caminar descalzo sobre la grama. También puedes hacerlo en una playa y sentir la arena húmeda debajo de tus dedos y pies. La sensación fría del césped y la arena son igualmente agradables, conectar con nuestros sentidos ayuda a tranquilizarnos.

- Haz planes tranquilos, como ir a ver una película de comedia o que te produzca calma.
- Date una ducha que te ayude a relajarte.
- Entra en contacto con la naturaleza.
- Léete un libro.
- Medita.
- Escribe lo que sientes.

Tus creencias

¿Recuerdas que en las primeras páginas te comenté que tenemos que conocer primero cómo funciona nuestra mente para comprender a qué le hace más caso? ¿En qué se fija más? Bueno, así como te dije que nuestra mente se enfoca mucho en cualquier amenaza y puede que, aunque sea pequeña, gaste mucha energía pensando en ello una y otra vez, también podemos ir cambiando este patrón. Por ejemplo, cuando asumimos la gratitud como una práctica diaria, poco a poco le enseñamos a nuestra mente a liberar dopamina de forma natural y a centrar nuestra atención en estímulos que son agradables. Como decía Ramón y Cajal, eminente premio nobel de la ciencia, podemos ser escultores de nuestros cerebros.

A nuestro cerebro se le hace más fácil irse por las mismas creencias conocidas porque no tiene que cuestionarse. Te explico por qué. Imagina que cada vez que te sientes ignorado o no visto, tu mente empieza con su discurso de siempre: «Claro, ya lo sabía, no soy importante para nadie. Mejor lo manejo solo, porque nadie va a ayudarme». Y ahí vas, dándole vueltas al mismo pensamiento, reforzando cada vez más esa idea, porque por alguna razón esto se volvió un camino conocido para tu mente. Ojo, no quiero decir que tu cerebro esté equivocado, en absoluto; muchas veces tiene muchísima razón y lo hace para protegerte, ya que algo no le encaja o porque en el pasado vivió una experiencia difícil, pero siempre es bueno explorar un poco de dónde vienen nuestras creencias para ver por qué elige ese camino.

Si te han hecho sentir que debías manejar todo por tu cuenta, esa idea de «debo poder con todo yo solo», puede convertirse en una parte del guion de tu vida, y es probable que no solo repitas esto, sino que busques pruebas que lo respalden en cada situación. Esto es lo que en psicología llamamos «profecía autocumplida», es decir, terminamos actuando como decimos que ya lo haremos por experiencias del pasado que nos marcaron. No obstante, no siempre tiene por qué ser así, puede ser que las cosas sean distintas, pero nos autosaboteamos por miedos del pasado.

Si te cuesta confiar, vas a buscar hasta el mínimo detalle para hacerlo y tomar distancia. Es más fácil que tu mente diga: «¡Claro, ya lo sabía, no se puede confiar en nadie!», que esto: «¿Qué ha pasado? ¿Será que me he precipitado?».

También puede que nuestras creencias sean como la emisora de radio que solíamos escuchar en casa. He escuchado a muchas familias que repiten estas creencias: «No se puede confiar en nadie». A veces me pregunto cuánto daño les pudieron hacer para que esto se repita a lo largo de los años. ¿Realmente no podemos confiar en nadie? ¿O hay personas valiosas en las que sí podemos hacerlo? A veces se traspasan de generación en generación, y tenemos que pararnos a cuestionar nuestras creencias, **porque son como la emisora de radio que escuchábamos a todas horas, y terminamos creyéndolas porque jamás nos hemos detenido a cuestionarlas.**

Las creencias nos ayudan a construir la realidad y si se reestructuran también se reestructura la forma en la que vemos el mundo. Nadie nace teniendo poca confianza o siendo muy exigente consigo mismo, sino que lo aprendemos por medio del contacto y las experiencias que tenemos con los demás. No obstante, poseemos la capacidad de reestructurar y cambiar estas creencias, porque nuestro cerebro es moldeable. Para eso debemos crear nuevas conexiones, es decir, enseñarle a nuestro cerebro nuevos caminos para que sepa por dónde ir.

Comenzando a llevarte mejor contigo ahora

Creencias irracionales	Creencias saludables
No soy lo suficientemente bueno.	Soy lo suficientemente bueno con los recursos que tengo a mi disposición.
Siempre fracaso en todo lo que hago.	He tenido éxitos y fracasos, y he aprendido de mis fracasos.
Debo ser perfecto en todo.	No necesito ser perfecto, es suficiente con dar lo mejor de mí cuando sea posible.
Soy demasiado débil para enfrentar esto.	Tengo la fuerza para superar los desafíos y si me siento mal, es un sentimiento natural.
Nunca seré tan bueno como los demás.	No necesito compararme con los demás. Mi valor no depende de comparaciones; tengo mis propios logros en medida de mis circunstancias.
No puedo confiar en mis decisiones.	He tomado decisiones correctas y aprenderé de las incorrectas. Confío en mi capacidad para tomar decisiones con la información que tengo.

Cómo trabajar tus creencias

El hundimiento de una creencia crea una nueva dimensión del sujeto

Para entender de dónde provienen tus creencias o por qué dicen lo que dicen, no des nada por sentado, tú explora. Reflexiona sobre lo siguiente:

- Si te sientes incómodo, pregúntate por qué. «¿Qué me hace sentir así?».
- En lugar de afirmar: «Tengo que lograr siempre el éxito en la vida», pregúntate: «¿De dónde viene esto?», «¿Dónde lo escuché?», «¿Qué considero

que es el éxito?», «¿Se lo oí repetir a alguien cerca de mí?», «¿Qué pasaba cuándo fallaba?».

- En lugar de afirmar: «Debería complacer a todos», pregúntate: «¿De dónde viene tanta complacencia?», «¿Sería esto posible y justo para mí?», «¿A quién tuve que complacer?», «¿Esto es ahora un problema para mí?».
- En lugar de afirmar: «Tengo que estar haciendo siempre algo», pregúntate: «¿Esto me ayuda?», «¿Me permite descansar y encontrar un equilibrio?», «¿De dónde viene que me sienta mal porque me tome un tiempo para mí?».

Sé que muchas de nuestras creencias no son tan fáciles de callar o de desarmar; de hecho, no quiero que las calles solo porque sí. Muchas veces nos revelan información importante sobre nosotros y sobre dónde las aprendimos que nos ayuda a trabajar en ellas desde su raíz. No obstante, te pido que al menos no les hagas caso en todo lo que te dicen, sino que las cuestiones.

No eres tus pensamientos ni tus creencias, eres la persona que les ofrece claridad

- ¿Cuáles son tus creencias sobre ti mismo?
- ¿Tienes más pensamientos agradables que desagradables sobre ti?
- ¿Crees que mereces cosas buenas? ¿Qué emoción sientes cuando piensas en esto?
- ¿Crees que tienes más fortalezas que debilidades?

- ¿Crees que puedes decir lo que piensas la mayor parte del tiempo? ¿O crees que te lo guardas? ¿Te has preguntado el porqué?
- En lugar de afirmar: «No debo pedir ayuda», pregúntate: «¿Quién me hizo sentir esto?, ¿Qué sucedía cuando yo pedía ayuda?, ¿Alguien repetía mucho esto sobre no pedir ayuda a los demás?».

El autocuidado

Te diré que pienses un instante en cómo te comportas cuando quieres a alguien: te apetece cuidar de esa persona, ¿verdad?, seguro te vuelves más generoso, te importa más cómo se siente, te preocupas por cómo algo puede afectarle, te preocupas si va a atravesar la calle y le pones una mano al lado para cuidarle, la tienes más en cuenta y la escuchas más.

Ahora es el momento de aplicar esto, pero contigo, llegó el momento de que te tengas más en cuenta si aún no lo has hecho.

En este apartado me gustaría comentarte los aspectos que considero importantes a la hora de cuidarte.

El autocuidado físico

Cuidarnos físicamente no es caer en un ciclo de autoexigencia que nos lleve a ponernos metas que muchas veces son desproporcionadas. El objetivo es cuidarnos, no machacarnos.

Lo siento, pero estas afirmaciones nada tienen que ver con el autocuidado:

- Si no entrenas un día, es un paso atrás hacia tus objetivos.
- Tomarte días libres es para los débiles.

¿Realmente crees que si un día no vas al gimnasio eso basta para fracasar y ser débil? Qué duro nos lo ponemos. ¿Debemos tratarnos así para cuidarnos?

En mi opinión, si antes no hacías ejercicio y ahora lo haces tres o cuatro veces a la semana, eso ya es un logro grandísimo. Cuidarte siempre debe venir de un diálogo interno amoroso. Cada uno tiene su propio ritmo, y no es sano compararse con nadie. Cuídate porque es necesario en todos los sentidos, te ayudará a reducir el estrés, dormirás mejor, estarás de mejor ánimo y con más energía, te lo mereces y tu salud también. Por eso cuídate, pero no por comparar tu cuerpo con el de otra persona, que te puede llevar a sentirte mal por eso, y entonces salimos de un problema para entrar en otro.

Estas son algunas ideas para cuidarte que yo pongo en práctica:

- Intento acostarme temprano para cuidar mi sueño. En algún momento tenía tantas cosas que hacer que no le prestaba atención a las horas que dormía, al otro día me costaba recuperarme, me levantaba cansada, no me encontraba de mejor humor, y esto sucedía porque mi cuerpo necesita recuperarse de noche. Tenemos horas para el sueño que debemos recuperar para tener más energía y regenerar nuevas neuronas. Si no, puede que al otro día nos afecten mucho más todos los acontecimientos diarios que vivimos. Para que esto no te suceda, intenta prestar más atención a la higiene de tu sueño. Eso incluye cenar más ligero y temprano, poner música que te ayude a relajarte antes de dormir (como música de lluvia de naturaleza en un volumen bajo o música zen), dejar de utilizar el móvil dos horas antes de dormir, leer un libro o revisar otra actividad que te ayude a descansar.

- Me levanto a hacer ejercicio por las mañanas o intento hacer más actividad física en mi rutina, como, por ejemplo, subir las escaleras en lugar de tomar el ascensor, y camino más.
- Me hago revisiones médicas para cuidar mi salud.
- Me alimento de forma saludable, la alimentación tiene un impacto en nuestro cerebro y nuestras respuestas emocionales; por ejemplo, comer muchas bollerías, azúcares refinados o alimentos procesados pueden hacer que nuestro cerebro se inflame y esto nos origine más ansiedad, desmotivación. Comer alimentos que te nutran es lo esencial.

El autocuidado emocional

Cuidar nuestra parte emocional es superimportante porque nuestras emociones son nuestro GPS, son quienes nos informan de lo que está sucediendo dentro de nosotros:

- Cuando necesito expresar algo, me pongo a escribir y a hacer juegos de palabras, busco frases que me ayuden a expresar cómo me siento y escribo sobre eso.
- Cuando me siento triste, me doy una ducha de agua caliente, me quedo en casa o salgo a caminar para reflexionar.
- Cuando llevo un par de días sin socializar, le escribo a alguna amiga o amigo y propongo un plan.
- Si siento que he tenido unos días agitados y con un poco de desorganización, paro y me quedo en casa, organizo mi agenda, mi casa y me tomo el tiempo necesario para organizarme en la semana.
- Me pongo límites.

¿Qué necesitas para cuidar tu parte emocional?

- Expresar lo que sientes.
- Tener conversaciones incómodas.
- Ponerte límites.
- Escuchar cuando tu cuerpo se siente agotado o incómodo.
- Preguntarte cómo te sentiste durante el día.
- Evitar compararte con los demás en la medida de lo posible.
- Hacer planes tranquilos si sientes que necesitas descansar.
- Reconocer tus pequeños esfuerzos.
- Hablarte con amabilidad.

El autocuidado espiritual

El autocuidado espiritual implica nutrir y cuidar tu conexión con aquello que te da sentido y propósito en la vida. No necesariamente tiene que ver con la religión, aunque puede incluirla; se trata más bien de encontrar un equilibrio interno y una fuente que te genere más conexión y paz.

Aquí te dejo algunos ejemplos de cómo practico yo el autocuidado espiritual:

- Busco hacer meditación para conectar con mi lado espiritual.
- Voy a la montaña o hago alguna actividad al aire libre, como senderismo, para sentirme conectada con la naturaleza.
- Participo en actividades que me ayuden a conectar con mis propósitos con la humanidad, como un voluntariado, ver a mis pacientes o ayudar a alguien en redes sociales.
- Dedico tiempo para pensar y reflexionar en mis valores, mis creencias y lo que realmente me importa en la vida.
- Busco libros y lecturas que me inspiren.
- Comparto mis valores con los demás, soy generosa, comparto mi comida, le abro la puerta a alguien que pase por delante de mí, le cedo el asiento a una persona mayor.

El autocuidado en las redes sociales

He decidido incluir el autocuidado en las redes sociales porque como el mundo ha ido cambiando estos últimos años es necesario que comprendamos que aquí también necesitamos cuidarnos. Hoy en día, en las redes sociales vemos a personas que solo muestran lo bueno, pero no lo malo, y mientras estamos haciendo *scrolling* descubrimos vidas que nos parecen más interesante y pensamos que esta es la única realidad.

Te voy a contar una anécdota que me ocurrió no hace mucho, cuando me fui a tomar mis fotos para mi página web de psicología. Por lo general, no soy de comprar mucha ropa, pero de tanto trabajar en hospitales y clínicas le daba tanta rosca que ya me hacía falta, así que ese día me fui a comprar cosas que necesitaba y de una vez aprovechaba y las utilizaba para las fotos. Ese día, como salí tan apurada, llegué con la ropa y las etiquetas. La fotógrafa, cuando me vio, me dijo: «Luisana, podemos esconder las etiquetas para que no se noten», y me reí mientras le explicaba que, con las prisas, no había tenido tiempo de quitar las etiquetas. Riendo, me dijo: «¡Ah! Pensé que ibas a devolver la ropa como hacen muchas personas». La verdad es que me reí, pero me quedé pensando en esto, porque una semana antes una chica me había dicho que se sentía muy triste porque su vida no era tan perfecta como la de otras chicas en las redes sociales, ella no podía comprarse todos esos zapatos o bolsos que mostraban.

Me dio tristeza. Ojalá entendiésemos que no todo lo que se muestra en redes sociales es real y que no sabemos qué ocurre detrás de las cámaras. Por eso he querido compartirte esta anécdota con el objetivo de que al menos reflexiones sobre esto, que una gran parte de lo que vemos en las redes no es como lo pintan y que tu vida tiene que ser bonita para ti, no para los demás; la felicidad reside más en el interior, pero de eso hablaremos más adelante.

Hazte estas preguntas: «Si no publicara esto, ¿sería igual de importante para mí?, ¿quisiera hacerlo igualmente?, ¿o estoy haciéndolo solo para obtener la aprobación de los demás?».

Para poder cuidarnos bien tenemos que aprender a aceptarnos. Nos dejamos de aceptar cuando:

- Nos comparamos con otras personas.
- Nos enfocamos solo en nuestros defectos.
- Sentimos que tenemos que cumplir las expectativas de los demás.
- Cuando sentimos que nuestra vida gira en torno a hablar de los demás.
- Nos desconectamos de lo que realmente es importante para nosotros.

Aquí te dejo unos consejos sobre cómo yo me cuido de esto:

- Desactivo las notificaciones del móvil.
- Hago pausas digitales, hago rutas de senderismo, voy a visitar pueblecitos cerca de mi ciudad, voy a ver a mi familia o simplemente salgo al parque a pasar la

tarde y organizo un picnic. Paso mucho tiempo en la naturaleza porque va más con mi personalidad, pero, vamos, que ayuda.

- Si noto que me estoy comparando con alguna cuenta en términos negativos, la silencio o la dejo de seguir.
- Sigo cuentas que me aportan valor, que me ayudan a cuidar mi salud, que me dan calma.
- Me coloco un límite de tiempo para utilizarlas, por ejemplo, después de una hora ya no veo las redes, sino que me leo un libro o me veo alguna serie, que en Netflix hay un montón.

En esta sección no he incluido el autocuidado social porque ya hablaremos de ello largo y tendido, pero recuerda que tu autocuidado incluye muchísimo con quiénes te relacionas, los límites que estableces, por lo que también debes cuidar tus relaciones con los demás.

Por último, te dejo unas preguntas generales sobre el autocuidado. Se trata de que tú mismo te preguntes: «¿Qué he hecho hoy para cuidarme? ¿En qué no me estoy cuidando? ¿Qué he estado descuidando de mí?».

Hazte estas preguntas como recordatorio:

- ¿En qué aspectos me hace falta cuidarme?
- ¿Qué área de mi vida necesito ahora mismo atender?
- ¿Me estoy escuchando últimamente?
- ¿Existen áreas de mi vida en donde necesite poner límites?

Comenzando a llevarte mejor contigo ahora 81

- ¿Estoy haciendo algo que me ayude a mejorar mi estado de ánimo?
- ¿Esto que estoy haciendo realmente me ayuda?
- ¿Qué me podría ayudar a sentirme bien conmigo ahora mismo?

3
Tu relación con los demás

Nuestras relaciones con los demás impactan directamente en nuestra salud y nuestro bienestar, por eso en este capítulo vamos a tratar de entender cómo son tus relaciones y cómo podemos mejorar tu bienestar en ellas.

En un estudio que se hizo en Harvard, que dirigió el doctor Robert Waldinger, basado en las relaciones y la felicidad, y uno de los estudios más largos y completos sobre el tema, se concluía que lo que más influye en nuestra felicidad y en nuestra salud a largo plazo son las relaciones cercanas. Así que imagínate lo importante que es tener buenas relaciones. Otro estudio que me llamó mucho la atención fue uno que el doctor Coan llevó a cabo en la Universidad de Virginia. Se trató de un experimento en donde le dijo a un grupo de mujeres que recibirían una descarga eléctrica mientras sostenían la mano de alguien cercano, como su pareja, o la de un desconocido. Se demostró que el hipotálamo se activa siempre en momentos de estrés y se activaba mucho menos en situaciones estresantes mientras estaban en compañía. ¡Bendita corregulación! La corregulación se refiere al proceso de ajustar y regular nuestras emociones y comportamientos por medio de otra persona.

Hay tantos estudios sobre las relaciones que podríamos pasar horas hablando del tema, pero lo que quiero explicarte es lo que sucede cuando nos rodeamos de personas que nos importan y les importamos. Más allá de una frase bonita sobre la amistad, lo interesante es lo que ocurre con nuestro cerebro y con nuestra salud.

En las relaciones interdependientes es donde encontramos el equilibrio saludable entre la autonomía y la conexión con los demás:

- Se aprecia el valor de los vínculos sociales.
- No se teme confiar en los demás.
- Las relaciones se basan en la reciprocidad.
- No se teme pedir ayuda.
- Existe confianza y respeto mutuo.

La sociedad se empeña en decirnos que podemos con todo solos y que prácticamente no necesitamos a nadie en nuestras vidas, que nos despojemos de nuestros valores y que la autonomía y la individualidad sea lo único importante. Sin embargo, en consulta, muchas veces veo a personas que, por más que intente hacer cosas para que se sientan bien, no mejoran porque se han aislado o están en medio de relaciones muy dañinas. No es hasta que comienzan a cambiar y a enfocarse en tener una red de apoyo que les brinde cariño y contención cuando las cosas mejoran.

Dime con quién y cómo te relacionas y te diré cómo te sientes. ¿Y si no te relacionas tan bien que digamos? ¿Quiénes son las personas incorrectas?

Puede ser que andes tranquilo por la vida y que te apetezca quedar con una amiga para distraerte un viernes después del trabajo. De repente esa amiga o conocida comienza a hablar mal de todo el mundo. Se fija en detalles que ni siquiera te parecen importantes, como la forma de caminar del mesero, qué ropa lleva puesta el de al lado, siempre encuentra un «pero» para cualquier cafetería o restaurante que propongas, o solo habla de sí misma, como si fuera el centro del universo, y se mete un monólogo sobre sus logros, sus problemas y sus historias. Y tú estás ahí, pensando una y otra vez cómo has llegado a esto si tú solo querías desconectar un viernes después del trabajo. ¿Y qué pasa con esa persona con la que solías quedar en un plan más romántico, pero que te daba más vueltas que a un pollo a la brasa, y tú te preguntabas qué estabas haciendo ahí?

Para mí, esas son las personas incorrectas en tu vida, las que te hacen dudar y cuestionarte para mal. Nunca te sentirás seguro en un lugar en donde siempre hay quejas o en donde tengas que hacer malabares para ver si te tienen en cuenta. Me refiero a ese tipo de personas que, si las dejas quedarse demasiado tiempo cerca, terminas creyendo sus críticas, cargando con culpas que no son tuyas y sintiéndote menos de lo que realmente eres.

Ahora las personas correctas...

Esas personas que son como un respiro en las relaciones. Ese amigo, familiar o pareja que te escucha con genuino interés, que no compite contigo, sino que celebra tus logros como si fueran suyos y con el que puedes ser totalmente tú. Esas personas que no te juzgan y que te dicen las cosas con tacto y cuidado dentro de sus posibilidades. Las personas correctas no es que sean perfectas, seguramente tienen cosas que no te gustan de ellas, pero la mayor parte del tiempo que pasas con ellas te sientes bien. Lo más importante es que te permiten ser tú, y eso le hace bien a tu autoestima.

¿Cómo son tus relaciones? ¿Te dan paz?

Una pregunta que siempre hago en la primera sesión de terapia es conocer cómo son las relaciones interpersonales para comprender mejor el contexto en el que se desenvuelve la persona que acude a mi consulta.

Así que hagamos este ejercicio para ir calentando. Piensa en tus relaciones (las familiares, tus amistades, parejas y exparejas) y evalúa del 1 al 10 cómo te has sentido con cada uno de estos individuos. ¿Son amistades que te ayudan a valorarte como persona, se preocupan por ti, han estado cuando los necesitabas o ha pasado lo contrario?, ¿Cómo te sientes o has sentido cerca de ellas?

Te animo a hacer una lista de esas personas que sientes como lugares seguros, a quienes puedes llamar o acudir cuando tienes un problema, que estarían ahí para ti y que en algún momento de tu vida te han aportado cosas buenas, aunque solo sea estar cerca y escucharte con respeto y cariño, que ya es bastante.

Vamos con la lista de personas seguras:

¿Qué te han hecho pensar o sentir sobre ti mismo que sea positivo?

Ahora vamos con otra lista, con personas que puedan estar en tu presente o hayan estado en tu pasado y de alguna u otra forma son inseguras para ti. ¿Qué adjetivos se te vienen a la cabeza sobre ti y cómo te han hecho sentir esas relaciones? Por ejemplo, una persona que te criticaba constantemente te hacía sentir inseguridad, culpa, vergüenza...

Reflexiona sobre las dos listas. Entonces me darás la razón en cómo el entorno sí influye en la manera en que nos percibimos y nos sentimos con nosotros mismos. Por eso, rodearte de las personas correctas va a aportar mucho a tu autoestima.

La dependencia emocional

En el lado opuesto de la interdependencia, se encuentra la dependencia emocional, de la que seguro ya has oído hablar. Es esa necesidad extrema afectiva hacia otra persona, prácticamente, los demás pasan a ser el centro de nuestro mundo.

Síntomas de dependencia emocional:

- Sumisión.
- Sensación de abandono constante.
- Falta de confianza en uno mismo.
- Necesidad de apoyo casi para cualquier cosa.
- Miedo a estar solo.
- Sensación de vacío.
- Preocupación por tener que cuidar de sí mismos.
- Sentimientos de inseguridad e inferioridad.
- Búsqueda excesiva de aprobación.

La dependencia emocional se da mucho en el plano romántico, pero también se puede dar con otras personas. Surge por lo general de necesidades emocionales que no fueron satisfechas cuando éramos pequeños. Digamos que de alguna forma no aprendimos a llenar ese espacio que necesitábamos llenar, igual que se llena un tanque de gasolina para que el auto pueda moverse. Si lo sentimos lleno, nos será mucho más fácil establecer una relación sana con los demás. Pero sí no es así, sentiremos que basta cualquier afecto y relación para llenarlo. Y da igual si es una relación tormentosa con un familiar, una pareja o un amigo, a veces solo permanecemos en ella por miedo a estar solos o que nos dejen.

La codependencia: necesito que me necesites

Otra forma de dependencia es la codependencia, cuando nos centramos excesivamente en las necesidades del otro, al extremo de descuidar nuestra autonomía y nuestras propias necesidades. En estas relaciones solemos vincularnos en estos términos: «Necesito rescatarte o salvarte porque así puedo encontrarme». Se suele buscar a otros individuos con dificultades y problemas para hacernos cargo de su vida.

Las personas codependientes:

- Tienen que dar en exceso a los demás.
- Se sienten responsables de los sentimientos de los otros.
- Se vinculan con personas con problemas de adicción, inseguridades o patrones tóxicos.

Tu relación con los demás 89

- A menudo se sienten utilizadas y poco valoradas.
- Se obsesionan y tienen actitudes de control hacia sus parejas o personas que sienten que dependen de ellas.

¿Por qué hablamos de esto? Porque si no nos hacemos conscientes de nuestra forma de relacionarnos, podemos construir relaciones dañinas y colocar a los demás en un pedestal ignorando nuestras propias necesidades y eligiendo a personas que también ignorarán las nuestras.

Las personas dependientes no toleran mucho estar a solas con ellos mismos, piensan que, si no están haciendo algo con sus parejas o no tienen algún plan social, se aburrirán o se sentirán muy solas. Esto es un problema porque nos transmite la idea de que no estamos nutriendo lo suficiente nuestra relación con nosotros mismos.

Un día le pedí a una paciente que me hiciera una lista detallada de actividades que hacía con los demás y otra con actividades que hacía con ella misma. Me hizo una lista muy completa de todas las actividades sociales, pero la lista de actividades con ella misma estaba casi vacía, la mayoría eran actividades que había hecho hacía meses. Anotó bailar, pero se inscribió en un curso de baile al que solo había ido una vez, o el gimnasio, pero solo iba cada dos meses. Así que aquella no era una lista real porque ni siquiera eran actividades habituales en su rutina.

Había crecido en un hogar muy sobreprotector. Cada vez que intentaba hacer algo sola, como ir al cine, le decían: «¿Vas a ir sola?»; también: «Es peligroso, mejor no vayas sola». De modo que fue creciendo con la idea de tomar muchas precauciones cuando hacía cosas por su cuenta. No todos los países cuentan con mucha seguridad y esto hace que muchas familias evolucionen teniendo ciertos miedos a que sus hijos salgan sin una compañía, sobre todo las mujeres.

Sin embargo, tras varias sesiones, retomó el curso de baile, iba todos los martes y jueves, y también aprovechó para apuntarse a un curso de FP de marketing, que descubrió que le apasionaba, y compraba revistas y leía más. Ahora se divertía cuando pasaba tiempo con ella misma, daba paseos por el parque y, cuando se sentía estresada, iba a entrenar y eso le ayudaba a mejorar su forma física y a regular sus emociones. De eso se trata, que el tiempo que pasemos con nosotros también nos guste, nos aporte y nos dé ganas de estar ese ratito a solas con nosotros mismos. Si nos acostumbramos a hacer siempre cosas con los demás, ¿en qué momentos nutrimos nuestra relación con nosotros?

Trabaja en la dependencia emocional

En algunos momentos puede que si te identificas con la dependencia, justo cuando vas a hacer esas actividades contigo, un amigo te llama para salir o te envía un mensaje, y puede que dejes todo de lado por atenderle. Intenta quedarte en ese espacio contigo más tiempo; por ejemplo, di: «Voy a ir a dar un paseo conmigo y en dos horas responderé el mensaje». O responde que vas a ir al gimnasio y que a tu regreso le responderás con mucho gusto. Lo importante es que priorices el tiempo que tienes a solas contigo también, no que lo dejes tirado a la primera.

Ideas sobre actividades que puedes hacer contigo:

- Ir a ver una película en el cine.
- Día de spa en casa.
- Hacer un pícnic contigo.
- Visitar librerías o museos.
- Preparar una cena gourmet.
- Pasear por la naturaleza.
- Viajar solo.
- Ir a un concierto.
- Ir a una obra de teatro.
- Leer y escribir.
- Escuchar música.
- Ordenar y decorar tu habitación.

Comienza a tomar decisiones por ti

También puede ayudarte reconocer o identificar qué actitudes y comportamientos provocan una dependencia no sana hacia otros. Por ejemplo, si necesitas de la aprobación de los demás para tomar decisiones, todo el tiempo que sientes que tomar decisiones por ti misma te cueste un mundo, comienza por tomar decisiones pequeñas como estas: consúltate qué prenda de ropa te gustaría comprarte, observa fotografías que vayan con tu estilo, cuáles son tus colores favoritos, cuáles te hacen sentir más cómodo. Si notas que no pones límites, comienza poco a poco a decir lo que no te apetece hacer. De todos modos, ya hablaremos largo y tendido sobre los límites más adelante.

¿Siempre eres tú quien cede?

Una característica de la dependencia emocional es que, cuando la otra persona falla, sentirás muchas veces un sentimiento parecido a la culpa. Puede ser que te digas: «Mejor le vuelvo a llamar, tal vez debí decirle otra cosa, así que le voy a pedir que hablemos...». Esto es habitual en una relación de dependencia y en el estilo de apego ansioso, porque el distanciamiento produce malestar y para evitarlo muchas veces asumimos la responsabilidad de las acciones, aunque no hayamos tenido la culpa.

Plantéate estas preguntas: «¿Siempre soy yo quien cede en una relación? ¿Cómo se resuelven los conflictos en mis relaciones? ¿Existe un desequilibrio? ¿Es sano que siempre sea yo quien vaya detrás para arreglar un problema?

¿Qué es sano esperar de los demás?

Una amiga me contaba que siempre que quedaba con una amiga de la escuela le pasaba lo mismo. Por alguna extraña razón cuando ella iba a hablar sobre algún tema personal la otra le respondía con: «¡Ay, a mí me ha pasado!», y se lanzaba a contar sus historias. Mi amiga llegaba a casa sintiendo el cuerpo como pesado y como si le hubiesen quitado toda la energía, estaba cargada de todos los problemas de su amiga y además con un sentimiento de soledad. Claro, cómo no iba a sentir eso, si ella cubría las necesidades sociales y afectivas de otra persona, pero las suyas no eran cubiertas en ese vínculo, y esto ocurría cada vez que se veían.

A pesar de que intentó transmitirle lo que sentía, la amiga seguía con su monologo, así que un día se dijo: «Hasta aquí». Comenzó a poner distancia y solo se reunía con ella cuando quedaban en grupo y se sentía escuchada y valorada por el resto.

En las relaciones se tiene que aprender a ceder el micrófono, no podemos generar ni esperar conexión con los demás si solo nosotros hablamos, como si el mundo girara a nuestro alrededor.

¿Qué es sano esperar de los demás?

A menudo se cree que es mejor no esperar nunca nada de nadie, porque esto nos llevará a sufrir. En realidad, lo malo sería dejar de esperar cosas de los otros, puesto que esa actitud nos desconecta de nuestra naturaleza como seres sociales. Tener expectativas es saludable para construir una intimidad y estrechar lazos más fuertes en las relaciones, nos ayuda a sentirnos vistos, validados y a mantener una buena salud mental.

Estas son algunas de nuestras necesidades sociales y afectivas:

- Que nos respeten.
- Que nos escuchen.

- Que nos vean.
- Que nos validen.
- Que podamos recibir apoyo.

Ajustar nuestras expectativas

A veces ocurre que no conectamos con gente. Puede que algunas personas no quieran forjar un vínculo tan íntimo con nosotros o que nosotros no busquemos vínculos íntimos, pero lo que sí ayuda es tener claro qué es lo que podemos esperar de esas relaciones. Una vez que comenzamos a escuchar nuestras necesidades y las cubrimos con quienes sí podemos hacerlo se nos hace más fácil identificar cuándo sentimos que esto sucede. Porque si necesitamos un abrazo posiblemente no se lo pidamos al señor de la esquina, pero sí a nuestra amiga, por la intimidad que existe entre nosotras. Al tener cubierta esta necesidad no recurrimos a cualquier persona que pasa por la calle.

Con la familia sucede algo parecido. A veces sentimos que le tenemos que dar un lugar especial solo por serlo, aunque nuestra relación no sea muy buena o sea conflictiva. A veces también hay que ajustar las expectativas con nuestras creencias hacia ellos, reflexionar sobre qué podemos esperar de un familiar, ya sea tu hermano, tu madre o tu tío. Por ejemplo, puedes esperar cariño y apoyo si algo malo te pasa, pero tal vez haya temas en los que no puedes esperar que te comprendan porque piensan muy diferente. Puede ser que ya hayas comprobado que nunca se ponen de acuerdo y cada vez que sale el tema en cuestión es un desgaste que no ayuda en absoluto; ajustar tus expectativas a ciertas situaciones específicas y lo que puedes esperar de cada relación también te ayudará a ver las cosas con más claridad sin cargar con expectativas demasiado altas e incluso con tu familia.

Los límites

Como he aprendido que, para comprendernos, tenemos que vernos la primera parte de la película, echemos un vistazo a cómo era poner límites cuando éramos pequeños.

De pequeños, nuestros límites se veían afectados cuando nos obligaban a mostrar afecto físico. Por ejemplo, darle un beso a alguien en la mejilla cuando no queríamos, pero que, nos decían, era nuestra obligación hacerlo; cuando decíamos que no a algo y muchas veces nos respondían que guardáramos silencio, o cuando teníamos que comernos todo lo del plato, aunque estuviésemos llenos. Entonces ¿cómo vamos a negarnos de adultos a tantas cosas si se nos repitió hasta el cansancio que muchas de estas cosas estaban mal?

Para cuidarte y cuidar tus relaciones, tienes que aprender a poner límites. Es posible que pienses que esto cuesta. Y sí, a la mayoría nos ha costado poner límites porque, como ya hemos visto, en el pasado no aprendimos a cuidarnos tan bien y a reconocer nuestras necesidades. Muchas veces no sabemos distinguir entre lo que sentimos y lo que necesitamos.

Los límites con los demás: no son barreras, sino puentes para relaciones más sanas y seguras

Un límite va más allá de que pares una broma que no te hace gracia o evites una situación que te hace sentir incómodo, sino que también te permite expresar cómo te sientes con la total confianza de que esto se respete para sentirte mejor. La claridad es amabilidad, como dice Brené Brown, una investigadora muy reconocida en el campo de la vulnerabilidad. Si le dices algo que no te gusta a tu amigo, y lo toma desde el respeto y hace lo posible por mejorar aquello que no te hace sentir bien, lo que te está diciendo es que lo que sientes es importante, aunque no lo entienda o comparta del todo.

Tus límites son tus límites. Lo que te desagrada a ti tiene que ver contigo y puede que no sea igual para el resto. No necesitas que los límites sean exactos e idénticos a los de los demás, porque cada persona posee sus propios motivos y razones para que algo le cause agrado o no. Puede ser que no te guste que alguien a quien acabas de conocer te abrace, pero puede no serlo para tus amigas, que abrazan a todo el mundo. Los límites son personales y pueden ser distintos para cada uno.

Cómo poner límites

Supongamos que tienes un amigo que siempre que quedan se demora más de media hora o casi una hora en llegar al sitio. Tú, que le aprecias, no le dices nada, pero obviamente te molestas porque tú te esfuerzas en llegar a la hora acordada. Como esto no cambia, cada vez te irrita más su actitud. Hasta que un día explotas y le dices enfadada: «Estoy cansada de ti, no tienes en cuenta a los demás, eres egoísta, no me sorprende que tengas problemas en tus relaciones si siempre actúas así».

Tal vez tu amigo no sea la persona más puntual del mundo y no lo estaba haciendo muy bien que digamos, pero tiene un gran corazón y no se merecía que le soltaras todo eso. El verdadero problema aquí no es solo que él no fuera puntual, sino cómo reaccionaste sin haber hablado antes de lo que te molestaba. La solución está en comunicar tus límites a tiempo y de forma clara. Todos cometemos errores, pero aprender a expresar lo que nos molesta desde un principio evita que explotemos y digamos lo primero que se nos cruza por la cabeza.

Supongamos que no estallaste y no dijiste nada, ¿va? Todo salvado, ya no tienes que sentirte mal por haber herido a alguien con tus palabras. Ahora, para la próxima puedes decirle: «Te pido, por favor, que cuando no te dé tiempo, me lo comuniques antes para yo tomar mis precauciones, la mayor parte del tiempo te demoras en llegar y esto me molesta». Suena mejor que estallar, ¿no?

Asertividad y claridad son la clave

Piensa en los límites que establecerías ahora mismo, pero piensa en lo que realmente no te gusta. No le des muchas vueltas porque, si no, no vas a terminar diciendo lo que realmente quieres decir. Por ejemplo, supongamos que no te gusta que te llamen por teléfono tantas veces seguidas. No te inventes una serie de excusas. Habla con claridad para que la otra persona te entienda del todo. «Te pido por favor que... Te agradecería que... no me llames tantas veces porque puede que esté en medio de algo importante y no me hace sentir cómodo. Te devolveré la llamada en cuanto pueda». Di lo que sientes y lo que te incómoda, pero sé preciso con lo que no te gusta.

Visualiza tu forma de poner límites y comienza a practicar

¿Cómo te gustaría que sonara tu manera de poner límites? Visualízate siendo una persona que comienza a respetarse y a cuidarse. Empieza a hablar contigo y practica estas líneas a modo de ejemplo:

- Gracias por invitarme a la fiesta de hoy, pero quiero quedarme en casa esta noche.
- Me encanta que me hayas tenido en cuenta para el cumpleaños de tu hermana, pero es que tengo otro compromiso.
- Oye, no me gusta cómo me has hablado, me ha hecho sentir mal, así que te pido que esto no vuelva a ocurrir porque no lo aceptaré.

Cuando pones los límites de forma asertiva, pero no te hacen ni medio caso

Supongamos que, en el primer ejemplo, cuando hablábamos de la poca puntualidad de tu amigo, le dijiste lo que no te gustaba de forma amable y pensaste que todo salió bien, tu amigo se disculpó, pero resulta que sigue cometiendo los mismos actos.

Sé que muchas veces tenemos dudas con esto porque ahí ya no sabemos qué hacer. Los límites deben tener sus consecuencias, y eso tal vez es lo más difícil, porque tenemos que actuar para que se nos respete y poder respetarnos a nosotros mismos.

Una forma de poner límites con consecuencias a tu amigo:

«Oye, has llegado nuevamente una hora tarde, te he pedido en otras oportunidades que no lo hicieras o que me enviaras un mensaje para yo saberlo. Si esto vuelve a ocurrir creo que lo mejor es que no quedemos más y nos veamos solo en las reuniones que tengamos con nuestros amigos. No me siento cómoda con tu actitud, así que para no enojarme más ni para perder el tiempo, prefiero que nos veamos de la forma que acabo de decirte».

Los límites frente a preguntas incómodas

Recuerdo que una amiga solía tener muchísimos problemas para poner límites en diferentes áreas de su vida. Había un momento puntual que le agobiaba, cuando visitaba a la familia, tanto la de su pareja como la suya, porque les hacían siempre la misma pregunta: «¿Y cuándo van a casarse?». Cada vez que lo escuchaba, se sentía sobrecargada y molesta, al punto de que empezó a faltar a esas reuniones, pero luego se sentía culpable por no compartir con ellos.

Cuando te hacen este tipo de preguntas, puedes responder así:

- «¿Y cuándo van a casarse?».

    «Sé que seguro preguntas con una buena intención, pero es un tema que mantendremos en privado».
- «¿Y por qué rompieron?».

    «No me siento preparada para hablar de ese tema ahora, gracias por entenderme».

Y si insisten, que a veces la gente no lo comprende a la primera

Aplica entonces la técnica del disco rayado, es decir, repite el mismo mensaje hasta que lo entiendan:

- «Pero ¿terminaron por tu parte?».

    «Como te mencioné antes, no me siento preparada para hablar de ese tema ahora, gracias por entenderme».

    «Como te dije antes, es un tema que prefiero mantener en privado».

No tienes por qué dar millones de razones y excusas para decir que ciertas preguntas te hieren o incomodan. Tienes que enfocar tus energías en convencerte a ti de respetarte. Porque si no haces valer tus derechos por ti mismo, entonces ¿quién lo hará por ti?

Cuando pones límites también te respetas:

- Eres más consciente de tus necesidades emocionales.
- Te sientes más satisfecho en tus vínculos.
- Dejas de vivir tantos momentos incómodos.
- Te aprendes a cuidar.
- Mejoras tu manera de relacionarte.
- Aprendes a considerarte más.
- Aprendes a respetar y a entender los límites de los demás.

Cuando eres tú a quien no le gusta que le pongan límites

Intenta ponerte en su posición. Es posible que algunas cosas no te convenzan, pero recuerda que tus límites terminan donde comienzan los de los demás. Si sientes que necesitas entender un poco mejor pregúntate: «¿Por qué me molesta que alguien me diga que no le gusta mi manera de actuar?», «¿Me lo estoy tomando demasiado personal? Tal vez no estoy viendo que este es su límite y tiene todo el derecho de colocarlo y expresar lo que no le gusta». También puedes decirle a la persona que te ha puesto el límite: «Perdona, sé que es tu límite y quiero que sepas que lo entiendo y que de ahora en adelante lo respetaré, pero ¿me podrías explicar un poco mejor lo que no te gusta para poder comprenderte mejor?». Si la persona no accede a hablar más del tema, también debes aceptarlo, está en su derecho.

No se puede permitir de todo

A lo largo de los años nos han impuesto una serie de parámetros que se deben respetar, igual que ocurre con una ley. Si no los aceptas, puede que te tilden de mal hijo, hermano, esposo, amigo, etc.:

- A la familia se le permite de todo.
- Los hijos no pueden llevarles la contraria a sus padres.
- A los amigos se les permite todo.
- Lo que pasa en la familia se queda en la familia.
- Las amistades fluyen de forma natural.
- El duelo de una amistad no es tan importante.

¿Te imaginas que a una persona se le permitiese de todo por el título que se tenga? He visto cosas espantosas que algunas personas han tenido que permitir por el mero hecho de darle un lugar especial por tratarse de familia o de una persona muy cercana. Perdonar es un tema muy personal, pero muchas veces permitir de todo no se puede, porque esto nos obligaría a no poner límites a nuestro bienestar emocional y a no cuidarnos. Debemos ir desarmando nuestras creencias y expectativas y volverlas a construir como si fuese un puzle que nos lleve a sentirnos mejor en nuestras relaciones.

- A la familia no se le permite de todo.
- Los hijos tienen el derecho de expresar con respeto cómo se sienten.
- Tal vez sea necesario hablar de lo que pasa en la familia con alguien de confianza porque esto podría ayudarte a sentirte mejor.
- Las amistades se trabajan al igual que otras relaciones.
- El duelo por una amistad es superimportante, al igual que los demás vínculos.
- A los amigos y las parejas tampoco se les permite de todo.

A veces, por más que queramos, no podemos continuar ahí

A veces tendremos que tomar distancia de algunas personas porque ya no vibramos en la misma sintonía, ya no compartimos temas de interés o simplemente debamos hacerlo por salud mental, puesto que no nos hacen bien, incluyendo a miembros de nuestra familia. Hablar de familiares o personas que se consideraban amigos siempre nos toca un poquito el corazón porque en ellas seguramente habremos depositado mucho cariño y confianza. Sin embargo, el cariño y los recuerdos no alcanzan para sostener una relación sana. No es una decisión que se tome a la ligera, pero cuando eres consciente de que una relación con alguien te lastima más de lo que te nutre, muchas veces te tocará elegir la distancia. Todos merecemos que nos respeten y valoren.

Decirle adiós a una amiga o amigo

En la vida pasaremos duelos de todo tipo. A veces algunas personas se irán de tu vida o tú te irás de la vida de los demás, bien sea porque se haya producido algún malentendido o porque la distancia o los intereses cambien. Toca trabajar nuestras emociones y aceptarlo porque no queda de otra.

En ocasiones no le damos la importancia que merece el duelo por una amistad rota, pero duele mucho, a veces más que una ruptura de pareja.

Te cuento algo personal que me ocurrió con una amiga que quería muchísimo. Éramos esas amigas que, aunque pasáramos días sin hablarnos, siempre sabíamos que nos podíamos contar todo y que, cuando la vida se ponía difícil, ahí estábamos siempre.

Un día, sin más, dejó de hablarme, nunca más volví a saber de ella. Al principio no entendía nada, fue un golpe duro, y le di mil vueltas para tratar de entender qué había pasado, intenté hablar con ella, pero ella nunca contestó. Durante un tiempo estuve enfadada, no entendía cómo alguien podía irse así sin más, después de todo lo que hiciste por esa persona. Pero al tiempo me pregunté de qué servía darle más vueltas a algo que ya no tenía sentido. ¿Tú fuiste buena? Sí, ¿verdad? ¿Te merecías las formas? No, ¿verdad? Ya no puedes pensar más en esto porque no es sano,

Tu relación con los demás 105

hay que aceptar que las personas toman sus propias decisiones como adultos que son, y a veces que se vayan de tu vida no tiene que ver especialmente contigo, sino más bien con ellos. ¿Cuánto tiempo vas a estar dándole vueltas a algo que ya no depende de ti? ¿O haciéndote daño con algo que tiene que ver más con otra persona que contigo? Aunque duela debemos aceptar y comenzar a elaborar un duelo, empezar a transitar las emociones que nos lleven a despedirnos. Aunque no fue nuestra decisión irnos en principio, ahora es nuestra decisión decidir soltar.

Se cierran capítulos, pero también se escriben nuevos comienzos. Tienes que volver a abrir la puerta para que otro pueda pasar

Las nuevas historias también llegan con nuevos personajes a tu vida, unos se van y otros vienen. Puede ser que nos hayan fallado, que hayamos entregado el corazón y nos haya salido mal, y no te voy a decir que es fácil abrir el corazón de par en par a todo el mundo, el corazón necesita su tirita, que descansemos y pongamos un alto a las cosas, y a veces que nos tomemos un tiempo e incluso para ponernos de tarea confiar en los demás. Pero ¿sabes qué pasa cuando nos cerramos y nos quedamos así de por vida? Que volvemos a sentirnos mal una y otra vez, porque al final nos negamos a satisfacer nuestra necesidad de conectar con otras personas y algunas de ellas pueden ser realmente maravillosas.

¿Es justo que te cierres por algo que ocurrió con alguien

del pasado? ¿Es justo que no te des una nueva oportunidad porque una persona lo hizo mal? Si me hubiese cerrado cuando mi amiga decidió desaparecer de mi vida, no habría conocido a amigas con las que hoy en día tengo relaciones maravillosas. No todas las personas son iguales, y no todas las relaciones tienen que terminar de la misma manera. Tómate un tiempo si lo necesitas porque es válido, pero quiero que sepas que necesitas sanar, pues no necesitas quedarte con las heridas del pasado, ni darle más peso a tu mochila, porque siempre hay nuevas oportunidades. Y aunque haya personas que no lo hayan hecho tan bien en el pasado, siempre aparece gente bonita en el camino. Si no pregúntate, si tú lo eres, ¿por qué no habría alguien más como tú?

4
Cómo llevarte mejor con los demás para crear relaciones sanas

Cómo construir intimidad con tus amigos y seres queridos

Al comenzar una vida nueva, tenemos que rodearnos de buenas relaciones, y esas relaciones no solo se piden como un deseo, sino que hay que trabajarlas. Tendemos a creer que la intimidad solo está relacionada con las parejas y con el sexo. La verdad es que la intimidad es la cercanía emocional que se siente junto a otra persona, sea pareja, familiar o amigo. Es el poder confiar, sentir seguridad y establecer un lazo íntimo.

Permítete mostrarte vulnerable: si queremos crear intimidad, también nosotros debemos propiciarla, no podemos exigirla si nosotros no nos abrimos y somos una tumba. Cuando nos mostramos vulnerables aceptamos nuestro valor humano, y esto permite generar una conexión más profunda y sincera. Contar alguna historia de la infancia, preguntar cómo se era de niño, o hablar de algún momento difícil que tuviste que atravesar puede ser una forma de comenzar a crear ese lazo íntimo con alguien más.

Cede el micrófono, deja que sean protagonistas de sus historias: permite que las personas cerca de ti se sientan vistas y escuchadas. No comiences un monólogo que no tiene fin. Nos gusta compartir nuestras experiencias sin que el foco se gire hacia otro lado de la mesa. Si quieres comentar algo puedes preguntarles, pero no interrumpas: «¿Quieres que te diga qué hice yo cuando me ocurrió esto? Tal vez te pueda servir».

Ten una comunicación abierta: a veces no sabemos con qué temas conectamos con los demás. Busca temas que al otro le interesen. Por ejemplo: «Acabo de ver una serie que, por como eres, te encantará», «Cuéntame sobre esa serie que te gustó tanto y me recomendaste, tal vez me anime a verla», o «¿Sabes? Pasé por este sitio y me acordé de ti porque sé que te gusta mucho el arte, tienen unos cuadros muy bonitos que deberías ver, si quieres vamos un día».

Sé agradecido: agradece los detalles pequeños, aunque sea el tiempo que esta persona se tomó por atender tu llamada y escucharte en un momento que lo necesitabas. Dile: «Agradezco tu tiempo, por escucharme, lo valoro mucho». Agradecer los esfuerzos de los demás ayuda mucho a reconocer las intenciones en los vínculos.

Practica la escucha activa: escuchar no es mirar el móvil mientras una persona nos está hablando, tampoco interrumpirla a cada rato, ni decir: «¡Ah, sí! A mí también me pasó» y lanzarte a contar tu historia sin más; ya llegará tu momento de que te escuchen. Escuchar es estar ahí con tus oídos, con tus ojos, con todo tu cuerpo. Mostrarte interesado de forma genuina, prestar atención a los gestos de la persona y a las palabras que pronuncia. Haz preguntas sobre el tema: «¿Cómo te sientes con lo que paso? ¿Qué sientes que deberías hacer ahora? Estoy aquí para escucharte».

Validar emocionalmente: para validar no tienes que estar de acuerdo en todo con alguien, yo no siempre lo estoy, ni decir lo que se quiere escuchar o dar la razón solo porque sí. Para validar basta con comprender que existe un mundo distinto emocionalmente frente a ti que necesita ser reconocido y respetado.

Más comprender, menos animar: las personas que están a nuestro lado no necesitan que los animemos como si fuesen a correr un maratón todo el tiempo, porque a veces no quieren que los animemos, sino que los escuchemos y comprendamos por el momento que están pasando. Un «te escucho, estoy aquí para ti», un «estás haciendo lo que tienes que hacer, y eso es lo que más importa», un «entiendo por todo lo que estás pasando», pueden ser mucho más significativos y especiales, dependiendo del momento en el que se encuentre la otra persona.

Cómo llevarte mejor con los demás...

Escribe mensajes bonitos a esas personas que aprecias:

- ¡Ya quiero verte! ¡Qué ganas!
- Te deseo que tengas un lindo día hoy.
- Por favor, escríbeme cuando llegues a casa.
- Cómo te sientas es importante para mí.
- Te aprecio mucho.

Ten presente las fechas importantes: a veces estamos tan inmersos en nuestra rutina que los días importantes y significativos los pasamos por alto. Muchas personas valoran con especial detalle que compartan con ellas fechas significativas como su cumpleaños, un acto importante, un momento de pérdida. Estar en estos momentos, escribir en nuestras agendas las fechas de cumpleaños de los demás y verlos esos días puede acercarte mucho a las personas.

Haz cumplidos: no te calles los aspectos positivos que descubres en una persona. Si piensas que tu amigo es muy atento, díselo; si te gusta cómo se viste, díselo; si te parece muy educado, también. Atrévete a decir lo positivo que pasa por tu cabeza, y verás lo bien que te sientes cuando haces ver las cosas positivas de los demás. Con el tiempo te saldrá automático, y los demás te lo agradecerán.

Gary Chapman, en su libro *Los cinco lenguajes del amor*, describe cinco maneras en las que las personas expresan y reciben amor. Aunque Chapman se enfoca principalmente en las relaciones románticas, estos lenguajes también pueden aplicarse a nuestro entorno más cercano, como familia y amigos, para fortalecer y profundizar las conexiones.

1. Palabras de afirmación: expresar amor y aprecio a través de palabras, elogios y comentarios positivos.

- Sé que vas a hacerlo genial en tu nuevo trabajo, has trabajado muy duro y eres capaz.
- Qué linda te ha quedado la decoración de tu casa.
- ¡Enhorabuena por tu máster! Soy consciente de lo mucho que te has esforzado y te mereces todo lo que está viniendo.

2. Actos de servicio: demostrar amor a través de acciones y ayuda.

- He visto que estás enferma, dime por favor si necesitas algo o que vaya a la farmacia por ti.
- Oye, no pasa nada si no tienes con quién dejar a tu perrito el fin de semana, yo estaré en casa, así que puedo cuidarlo o pasar por tu casa para ponerle la comida y jugar un rato con él.

3. Recibir regalos: expresar amor mediante regalos o detalles.

- Llevarle un chocolate a un amigo.
- Regalarle un pastel en su cumpleaños.
- Regalarle un detalle significativo en Navidad.
- Regalarle unas entradas.

4. Tiempo de calidad: mostrar amor dedicando tiempo completo y atención.

- Salir a cenar y tener una conversación amena sin estar pendiente del móvil.
- Salir a pasear.
- Invitar a un pícnic.

5. Contacto físico: expresar amor a través del contacto físico, siempre que la persona acceda y se sienta cómoda.

- Dar abrazos o pedirlos.
- Una caricia, un beso en la mejilla.
- Poner el brazo en el hombro mientras se conversa.
- Apoyar la cabeza en el hombro.
- Peinar o tocar el cabello.

Te dejo una lista de preguntas para crear intimidad:

- ¿Cuál es el recuerdo más feliz que tienes de tu infancia?
- ¿Cuál es la emoción que más te cuesta expresar?
- ¿Qué es lo que más admiras en las personas?
- Si pudieses pedir tres deseos, ¿cuáles serían?
- ¿Qué es lo que más valoras en una amistad?
- ¿Por qué aspecto de tu vida te sientes más agradecido?
- ¿Cuál ha sido la relación más significativa que has tenido con alguien y por qué?
- ¿Cuál es la lección más importante que has aprendido sobre ti mismo en los últimos años?

La intimidad es la capacidad de ser realmente uno mismo con otra persona.

Marianne Williamson

En mi vida, he vivido en cuatro ciudades diferentes y en tres países. En la ciudad donde nací, hacer amigos era una pasada, solía tener amigos de la escuela, de la universidad, del barrio, de la vida, no era tan consciente de la importancia de las buenas amistades, porque siempre las tenía en cualquier sitio. Sin embargo, cuando comencé a vivir en otros países, me di cuenta de que no es tan fácil crear esas conexiones. Por eso si tú has estado en una situación parecida, o si tu circulo se ha hecho más pequeño o sientes que ahora de adultos tus amigos y tú suelen quedar muy poco debido a cambios en el estilo de vida y responsabilidades, estas son algunas maneras de conocer a más personas.

- Clases o talleres: apúntate a cursos de algo que te interese, como cocina, fotografía, arte, idiomas, o incluso deportes.
- Clubes de lectura o cine: los clubes organizan reuniones periódicas y son excelentes para interactuar en un ambiente relajado.
- Voluntariado: colabora en organizaciones locales, lo cual es una forma muy efectiva de conocer a personas con valores similares.
- Deportes en equipo: únete a equipos deportivos locales o a clases de fitness grupales.

- Cafés de intercambio de idiomas: si te interesa practicar un nuevo idioma, estos cafés son ideales para conocer a gente de diferentes culturas.
- Trabajar en espacios de coworking.
- Viajes en grupo: unirte a tours o viajes organizados te permite conocer personas y disfrutar de esas experiencias.

5
Tu historia con el amor

1.ª lección: En el amor hay que saber elegir

¿Por qué el amor siempre es tan importante? ¿Por qué nos quita el sueño tantas veces? ¿Por qué parece un hito tan indispensable? Porque queremos ser queridos, admirados y validados, está en nuestro ADN, en la forma en que nos hemos configurado desde que somos pequeños. Ahora bien, eso no quiere decir que necesitemos siempre a una pareja para vivir sí o sí.

Puede que en este momento te encuentres con la ilusión de estar viviendo un nuevo amor, que estés deshojando las margaritas, viviendo en una desilusión, pensando que tal vez el amor no es para ti. En realidad, no sé en qué punto estás, lo que sí sé es que la vida se debe vivir siempre bien acompañados, bien sea de ti o de una pareja, o de amigos o familia, pero estar mal acompañado es como ponerle sal al café, todo te va a saber amargo.

Hablando de tomar café, un día con una amiga en una

cafetería, hablábamos del tema que, como siempre, nunca falta en la mesa, **el amor;** a veces es como si no nos pudiésemos levantar de la mesa e irnos sin tocarlo, es como una regla de vida, así no tengamos mucho que contar casi siempre hay algo que contar. Así que nuevamente escuchaba a mi amiga, que apenas le pegaba un sorbo al café. Con tono melancólico me decía que ella no había elegido realmente a su ex, que solo se había dejado llevar por lo que estaba sintiendo y que le daba rabia pasar por eso una y otra vez. La dejé hablar un rato para que se desahogara y pensé, como muchas veces pienso: «¡¡Es que claro, elegimos sin realmente elegir!!».

No nos detenemos a analizar si de verdad esa es la persona indicada para nosotros. Si comparte nuestros valores, nuestra visión de la vida, si nuestros no negociables son respetados. ¿Tú conoces cuáles son tus no negociables? ¿Y cuáles son tus valores o tus heridas? ¿Qué valores buscas en alguien? Ya te digo yo que muchas veces no sabemos lo que buscamos, y ese es el principal problema, que así dejamos entrar a cualquiera en nuestra vida. A veces basta con que tenga un buen trabajo, nos diga un par de palabras bonitas y tenga una sonrisa preciosa para que ya llenemos el currículum por esa persona como pareja, pasando por alto todo aquello que no podríamos negociar en una relación. Insisto, muchas veces ni siquiera somos conscientes de lo que buscamos.

Elegir en el amor no es como elegir un par de zapatos, que te puedes probar y cambiar al final del día si no te resultan tan cómodos como pensabas. En el amor tenemos que hacerlo con cuidado. Elegir a la persona adecuada con la que tener una relación puede hacerte sentir muy bien y pensar que el amor es maravilloso, o bien puede que luego lo veas desde la melancolía y la desesperanza. **Las decisiones de hoy también afectan a cómo te sentirás el día de mañana en el amor.** Así, si eliges desde la necesidad y te metes con quien no debes, lo pasas fatal una y otra vez. Entonces ¿qué pensarás luego del amor? Pues ¡que es un caos! Y me dirás: «Luisana, pero es que es muy difícil encontrar a alguien que sea buena pareja». Y sí, acepto que hay mucha gente con irresponsabilidad afectiva que pueden hacer daño y no lo anuncian con un cartel: «Yo hago daño, aléjate de mí». Claro que no vienen así lamentablemente. Pero es cierto que también hay mucha gente buena, hombres y mujeres, y cuando aprendemos a conocernos y a elegir mejor el riesgo de meternos con quien no debemos se minimiza, principalmente porque tú ya no te sentirás bien cerca de ese tipo de personas. Así que, primera lección: elegir el amor y a una pareja no es como elegir unos zapatos, hay que tomárselo EN SERIO. Mas adelante vamos a ver cómo podemos aprender a elegir mejor a esa persona.

2.ª lección: Cuando el amor no son las historias que te han contado

Las películas de Disney nos han hecho internalizar una idea del amor que no es cierta. Son muchas las canciones y películas románticas que nos refuerzan la idea de que sin el amor de una persona no estamos completos. Esto nos ha creado la necesidad de sentir que precisamos de alguien para ser reconocidos como personas valiosas. Solemos pensar que el matrimonio o los hijos lo arreglan todo cuando estamos en medio de dificultades, y aunque ambas pueden ser experiencias gratificantes y muy bonitas, no son soluciones mágicas a los problemas de la relación. Los problemas de comunicación o confianza no desaparecen sin más con el matrimonio o con los hijos, a veces incluso los agravan.

También tenemos el mito de: «Si no te cela es que no te quiere». Los celos patológicos no son una muestra de amor, sino de control y desconfianza. Este mito perpetúa la violencia en las relaciones. Los celos, cuando son naturales y se gestionan de forma sana, no justifican comportamientos agresivos ni sumamente controladores. Tampoco la falta de deseo sexual significa falta de amor. Hay muchos factores que influyen en la libido, como el estrés, la salud, el cansancio, la depresión o la ansiedad. Las dificultades no resueltas en la relación también pueden afectar la intimidad, pero no son señal de que el amor haya desaparecido. La clave es HABLAR, porque es la única forma de despejar dudas.

«Tener una pareja es perder la libertad». Este mito se basa en ideas erróneas sobre las relaciones tóxicas, donde la libertad individual se ve restringida por el control o la manipulación. En una relación sana se respetan los espacios y acuerdos personales de ambas partes, y sin sacrificar tu independencia.

Son muchos las creencias que tenemos que cuestionarnos para construir un concepto mucho más sano del amor y que nos permita tener relaciones más sanas. El tema va para largo. Lo primero que tendríamos que plantearnos es qué es el amor. ¿Te lo has preguntado alguna vez? Pues en las próximas paginas me encargaré de que el concepto del amor sea una idea más sana que puedas considerar para tu vida y tus relaciones.

3.ª lección: No todo es amor

Esta frase puede resultar reconfortante y motivadora, pero si solo bastara con el amor, muchas parejas no se separarían. A veces tenemos que ser fuertes y comprender que no sucede así, el sentimiento fortalece, es sumamente importante, pero no lo es todo. De hecho, en terapia, algunas parejas llegan a un punto en el que, después de expresar todo lo que sienten y enfrentar sus emociones de manera segura, se dan cuenta de que lo más sano es tomar la decisión de separarse. No se trata de rendirse, sino de entender que a veces el amor no es suficiente para seguir juntos y que dejar ir es una forma de cuidar el bienestar de ambos.

Sin embargo, muchas veces nos empeñamos en decirnos: «El amor todo lo puede», y sí, puede ser poderoso en algunas ocasiones, un empuje para una relación que sí tiene posibilidades. No obstante, esto también puede anularte como persona, hacerte quedar en lugares que no te hacen bien solo por mantener una idea romantizada del amor, por no terminar una relación que lleva tiempo. Esta concepción del amor no nos deja ver quiénes somos realmente, lo que estamos soportando y lo que en verdad necesitamos. Solo cuando nos permitimos hacernos las preguntas necesarias —¿Quién soy? ¿Qué quiero y qué espero para mi vida y relaciones? — es que nos atrevemos a mirar si a nuestro lado caminan las personas adecuadas, y entonces veremos el mundo con otros ojos. Esto requiere mucha valentía, porque implica que muchas veces te tengas que ir de algunos lugares, pero, créeme, merece la pena.

Una relación no puede mantenerse solo por un sentimiento, se necesitan proyectos en común, comunicación, negociación, confianza, respeto para poder crecer y permanecer juntos. Y a veces estos elementos tan importantes e indispensables no existen o se han roto de tal manera que no hay forma de repararlos.

4.ª lección: Las relaciones comienzan contigo. Tu biografía del amor

¿Qué te enseñaron del amor?

¿Qué se te viene a la mente cuando te preguntas qué te enseñaron del amor? ¿Afecto? ¿Confianza? ¿Generosidad? No siempre nos dicen que esto es amor, pero eso fue lo que nos enseñaron las actitudes de nuestros padres.

Cuando era pequeña comencé a guardar mis cartas y obsequios importantes en una cajita: pulseras de amistad, fotos con mis amigos en la escuela, cartas y regalos que me hacían. Fue idea de mi mamá, me decía que debía tenerlas en un lugar preciado para que me acompañaran y ocuparan un lugar importante en mi vida. Y también me dijo que nadie, ni siquiera ella, podía leer mis cosas sin mi permiso, es decir, me dio a entender que **mi privacidad era mía y de nadie más**.

Si le dices eso a una niña pequeña, ¿cómo crees que va a reaccionar? Va a empezar a respetar la privacidad de los demás, ¿verdad? Eso es lo que pasa cuando te enseñan desde chiquito a respetar los límites, a cuidar lo que es tuyo y a cuidar lo que es de los demás. Cuando puedas, tómate un momento para reflexionar sobre los valores que te enseñaron en casa: la generosidad, la bondad, el respeto, la confianza…, y mira cuáles fueron tus primeros recuerdos sobre esto.

Una vez, en el colegio, una amiga se puso a llorar porque sus padres habían leído unas cartas que se escribía en secreto con un niño que le gustaba y la habían castigado. Recuerdo su frustración y sus lágrimas. Ahora de adulta entiendo por qué le costaba tanto confiar en los demás cuando ni siquiera en su casa respetaban su privacidad: siempre hacía las cosas a escondidas porque sus padres eran muy exigentes, sobreprotectores y nunca le enseñaron sobre límites. Estas vivencias van modelando nuestra manera de relacionarnos. Si podemos confiar en las personas que son nuestros referentes y no nos sentimos defraudados, entonces podemos confiar en los demás porque esto es lo que hemos aprendido. Pero cuando esa confianza se traiciona, como le sucedió a mi amiga, puede afectarnos en nuestras relaciones posteriores. Es posible que no las recordemos con exactitud, pero el cuerpo registra cómo nos hemos sentido en experiencias similares. **De repente somos desconfiados y no sabemos el motivo, las respuestas pueden encontrarse en situaciones que sucedieron muchos años atrás.**

Si lo que hemos visto a nuestro alrededor es sano, nos enseñaron a poner límites, también podemos esperar estos comportamientos cuando seamos adultos:

- Expresar necesidades emocionales porque es lo que se ha aprendido.
- Colocar límites y respetarlos.
- Respetar a los demás.
- Nutrir los vínculos.
- Establecer relaciones seguras.
- Confiar en las personas cercanas.

Nuestro estilo de apego y nuestra forma de querer

Ahora vamos a sumergirnos en el fascinante mundo del amor y los estilos de apego, y lo haremos a través de la historia de Andrea, una paciente que acudió a mí hace muchos años para entender su forma de relacionarse en pareja. Se había fijado en que su papá no mostraba afecto hacia su madre ni la acompañaba en ninguna actividad o invitación que les hicieran sus amigos o familiares, salvo en alguna ocasión muy especial, como podía ser una graduación o una boda, porque no le quedaba de otra.

Andrea recordaba estos diálogos de sus padres:

—¿Puedes acompañarme por favor al cumpleaños de Miguel? Es nuestro amigo y nos aprecia.

—No puedo, estoy cansado.

—Ya... como siempre, no sé ni para qué pierdo mi tiempo en preguntarte.

—Ya sabes que esas cosas no me gustan, tú eres la que quiere salir, entonces ve y sal.

—Solo digo que siempre me ven sin ti, podrías hacer el intento al menos.

—Pues no me da la gana de ir y punto.

A veces el intercambio terminaba en una discusión mayor, o con el papá de Andrea yéndose a su habitación y su mamá poniéndose a limpiar para distraer el enojo y su profunda tristeza de permanecer al lado de un hombre que no la quería.

Así que Andrea creció viendo esta representación del amor en el hogar: un padre malhumorado y muy poco receptivo con las necesidades emocionales de su madre y una figura materna que sufría y suplicaba migajas de amor. Está claro que al observar este comportamiento en reiteradas oportunidades, aunque no se tenga mucho conocimiento sobre las relaciones, este tipo de conducta se acaba por interiorizar. Andrea entendió desde pequeña que las parejas no cubrían necesidades emocionales, o al menos no la de sus padres, y normalizó el no habituarse a esperar algo de los demás. Fue configurando una idea del amor tan distante que le imposibilitaba conectar de forma sana con sus parejas. Albert Bandura denomina esta situación «aprendizaje vicario»: aunque las experiencias las hayan vivido otras personas nos queda el aprendizaje por la situación que presenciamos repetidas veces. Esta era la forma de comportarse en el amor del primer hombre en la vida de Andrea.

Cuando tenía pareja, Andrea se volvía evasiva, le costaba expresar su cariño, siempre estaba cuidándose de que alguien la fuese a lastimar, cargaba con una mochila de heridas y una forma de vivir las relaciones que desde el principio la hacían tomar distancia. No asumía la idea de pedir nada a nadie, incluso a sus parejas, porque había aprendido que podía ser doloroso. Entonces, siempre excluía a sus parejas de muchas situaciones bajo la premisa inconsciente de no esperar nada del otro.

En su biografía de amor, hablamos de Adrián, su expareja de la universidad, al que Andrea alejaba constantemente. Recordaba estos diálogos entre ellos:

—Andrea, ¿quieres que te ayude con algo de la universidad? Sé que tienes muchas tareas —preguntaba su novio Adrián.

—No, no te preocupes.

—Andrea, ¿quieres que te lleve algo de comer?

—No, no te preocupes, estoy bien.

Eran las respuestas más frecuentes, nunca aceptaba mucho de los demás. Andrea se había repetido muchas veces que no buscaría a alguien como su padre, que era un malhumorado y no entendía por qué su mama no se separaba. Lo que ocurre es que nunca se percató de que ella había adoptado el rol de mujer fuerte que no necesita nada de nadie, bien lejos del rol que había interpretado tantos años su mamá, mucho sufrimiento y rechazo.

Un día conoció a Carlos. A él le llamaron la atención la conversación interesante de ella, su dedicación al trabajo, su sorprendente sonrisa y figura. Carlos y Andrea intercambiaron números de teléfono y comenzaron a frecuentarse. Cabe destacar que Andrea era una mujer muy ocupada: desde muy temprana edad se había acostumbrado a apuntarse a todos los cursos y clases posibles, el éxito académico en casa siempre primó, la conversación en torno a la mesa a la hora de cenar siempre giraba alrededor de esto, y muchas veces vio que sus papás solo sonreían entre ellos cuando traía buenas calificaciones a casa. De alguna forma su rendimiento académico se convertía en la única alegría del hogar.

Al cumplir el año, Andrea y Carlos lo celebraron yéndose a vivir juntos. En los primeros meses de relación, Carlos se mostró más distante porque estaba en tantos proyectos que no le permitían dedicarse a la relación como le hubiese gustado; sin embargo, prefirió parar y dejar el trabajo un poco de lado para dedicarse a su vida personal y a su pareja. Al principio la convivencia marchaba genial. Pero luego Andrea comenzó a sentirse invadida, que Carlos le demandaba mucho tiempo e interfería en su tiempo y en sus estudios (algo que para ella era sagrado). Andrea constantemente estaba de mal humor, se interesaba por él cuando no estaba tan presente, pero cuando él la buscaba se agobiaba.

Carlos empezó a impacientarse con la distancia que marcaba Andrea y le demandaba cada vez más atención. Lo que sucedía es que, en un principio, lo que atrajo a Andrea de Carlos fue su falta de disponibilidad y de tiempo. Era un hombre ocupado, pero luego, como ya no tenía tantas cosas que hacer, demandaba afecto y cariño. Andrea no supo qué hacer con eso, así que hizo lo que sabía, actuar de forma evasiva. No estaba habituada a que su pareja pasara tanto tiempo en casa, sus papás siempre habían trabajado mucho y apenas tenían tiempo para compartir las cenas. Y Carlos, en cambio, que necesitaba estar más cerca de su pareja, se encontró con una dura pared que le hacía sentirse rechazado una y otra vez. La relación se volvió cada vez más complicada hasta que rompieron.

A los años, Andrea me visitó y hablamos sobre todo esto.

Me dijo que sospechaba de dónde venía el problema que entorpecía cualquier relación. Se había repetido tantas veces que no buscaría a alguien como su padre, pero nunca cayó en que había construido un traje de mujer fuerte para no ser lastimada y terminaba saboteando todas sus relaciones. Con cada pareja nueva, Andrea trataba de encontrarle algún defecto para terminarla igual que finalizaba la historia de sus padres, en la eterna y fría distancia.

Un día le dije: «Andrea, tendremos que encontrar un traje a tu medida y que realmente puedas elegir para ti». Aprendió a reconocer sus emociones y fue exteriorizándolas poco a poco. Comenzó a tomar en cuenta los valores en pareja y a identificarse también con ellos; ya no solo pensaba en sus valores individuales y se veía como una persona que tenía que crecer, sino que comprendió que para que las relaciones crecieran se debían hacer esfuerzos. Entendió que su manera de distanciarse era una forma de protección y no mostrarse vulnerable para que no la lastimaran como a su madre. Pero en las historias, los personajes no tienen por qué ser igual. Hoy en día Andrea ya es consciente de esto, se ha tomado la tarea de ir desgranando sus propios patrones y creado su propio traje, en el que se pueda sentir más cómoda y que se adapte a cómo desee relacionarse.

La relación entre el apego evitativo y el apego ansioso

Mientras el apego evitativo necesita más su autonomía y regular sus emociones a solas, el apego ansioso busca más el vínculo y regularse en compañía. **La trampa:** se sienten atraídos por aquello que, en principio, les resulta familiar. Para que esto cambie, ambos necesitan conectarse desde la seguridad para que la pareja pueda crecer. Si las personas no son conscientes de que esta forma de relacionarse es producto de dinámicas en la infancia o asociaciones que les generaron inseguridad, es muy probable que tiendan a ser como Carlos y Andrea, esto es, a establecer un vínculo lleno de dificultades. Si lo necesitas, puedes volver al primer capítulo, donde hablamos sobre los estilos de apego, para profundizar en cómo se formaron las primeras relaciones y así entender mejor el porqué se dan estas formas de relacionarse.

En el apego seguro

El caso de Miguel y Silvia fue diferente al de Andrea. Silvia creció con un padre siempre atento y muy detallista con su mamá. Estaba siempre presente para sus necesidades. Silvia recordaba cuando les decía: «Hijos, tienen que estar para las personas que nos quieren, tienen que ofrecer presencia cuando quieran a alguien». Asimismo, les decía a sus hijos cosas bonitas acerca del amor. Entre risas Silvia me comentaba: «Es que el señor Pedro se las traía, tenías que verlo de conquistador con mi mamá». Decía, por ejemplo, que a las mujeres les gusta que les hagan poemas. Desde que eran pequeños cada quince días, les llevaba juguetes y a su mamá una rosa, que se la daba a los niños para que se la entregaran. La madre de Silvia también se mostraba atenta a las necesidades de su esposo, aunque tal vez no le llevaba una rosa o regalo a la semana, pero todos los días se levantaba muy temprano para acompañarlo a desayunar. Ella no tenía que levantarse tan temprano, pero quería hacerlo porque así pasaban tiempo juntos sin ocuparse de la casa o de los niños; era su tiempo de calidad de pareja. Alguna vez discutían, pero nunca se trataban mal. Silvia nunca tuvo la impresión de que no se pudieran decir lo que pensaban, eran bastante comunicativos, de hecho.

Cuando Silvia se fue a estudiar a Boston, conoció a Miguel, un chico de su misma edad. Provenía de una familia humilde de provincias que se fue a vivir cerca de la ciudad, con muchas ganas de surgir y echar para adelante. Sus padres trabajaban mucho, pero hacían de todo para no perderse momentos importantes con los niños, y siempre se cuidaban entre todos. La relación funcionaba muy bien. Silvia estaba encantada con Miguel, aunque había cosas que no le hacían mucha gracia. ¡Miguel era muy poco detallista! y Silvia, bueno, había tenido a un papá sumamente atento y romántico.

Silvia había crecido en un hogar en donde no tenían pelos en la lengua para decirse las cosas, así que un día le escribió a su pareja y le dijo: «Amor, me gustaría que fueses más detallista». En un primer momento, Miguel no supo cómo tomarlo. No estaba tan habituado a hacer obsequios, en su casa el dinero era limitado, no había regalos, salvo en los cumpleaños o en Navidades. Para él, su forma de demostrar su amor era hacer cosas por Silvia: llevarla y esperarla fuera del trabajo una hora, prepararle la cena, por ejemplo. Miguel no se daba cuenta de que Silvia recreaba lo que ella conocía para sentirse más cómoda y cerca, y Silvia no comprendía que en casa de Miguel esto de los regalos no era algo habitual. Luego lo hablaron y comprendieron cómo se había configurado cada uno y cuáles eran sus maneras de demostrar cariño. Entendieron que al descubrir de dónde venían podían ver ciertas cosas desde otro lugar para que la relación continuara creciendo.

No todo tiene que ver con los estilos de apego en el amor, pero ayuda a comprender una de las tantas formas que tenemos de relacionarnos. Utilizamos la ciencia del apego para entender, pero tampoco se trata de categorías diagnósticas, ni es una clasificación en la que caben todas las relaciones, ya que también influyen las relaciones que entablemos con posterioridad en nuestra vida, los roles que hemos desempeñado, nuestras experiencias y características socioculturales. Lo importante aquí es que revises si esto te puede estar afectando y que te ayude a comprender mejor tu manera de relacionarte.

5.ª lección: Hay que ver cómo hemos encajado lo que hemos aprendido

Después de diversas experiencias, buenas o malas, comenzamos a entender que amar a alguien no es solo estar junto a esa persona, sino también conocer qué traemos en nuestra mochila personal y qué traen los demás. Aceptamos el amor que creemos merecer, en función de aquellas experiencias que hemos conocido, y todo depende de lo conscientes que seamos de esto. El verdadero poder de elegir cómo amar y elegir a la persona adecuada nace de esa forma consciente de entendernos a nosotros mismos: de saber quiénes somos, qué nos hace felices, dónde están nuestros límites y dónde están los de los demás, para poder construir y edificar una relación sana.

¿Cómo era la relación en tu hogar?

Aunque muchas veces no hayas sido consciente de esto, de niños somos esponjas que observamos y absorbemos los comportamientos, y no siempre deben tener sentido para nosotros o encajarnos para que se graben en nuestra memoria.

Piensa que estas fueron las primeras dinámicas que observaste sobre cómo se expresaba el amor: si tu mamá era atenta con tu papá, si él no hablaba mucho y cada vez que surgía un conflicto entre ellos se molestaba o no hablaba... Es muy probable que hayas interiorizado este modelo de resolución de conflictos en tus relaciones, y así, cuando tu pareja quiera hablar, tú lo rehúyas y de forma automática digas: «Es que no me gustan los conflictos».

¿Qué viste de la relación de tus padres?

- ¿Cómo era la relación de tus padres? ¿Estaban juntos o separados? En el caso de que estuvieran separados, ¿alguno tuvo pareja?
- ¿Cómo se demostraban afecto? ¿Lo hacían con acciones o palabras?
- ¿Eran respetuosos entre ellos? ¿O recuerdas reproches y gritos?
- ¿Qué roles observabas en ellos? ¿De qué se encargaba tu mamá? ¿De qué se encargaba tu papá?
- ¿Cuáles fueron los valores más importantes que viste? ¿Qué te enseñaron ellos sobre el amor?

- ¿Con qué ideas te has quedado de su relación? ¿Y qué descartarías?
- ¿Cómo te demostraban amor? ¿Eran afectivos? ¿Qué valores te transmitieron sobre cuidar las relaciones? ¿Sentías que podías confiar en tus padres, en tus hermanos o en otros miembros de la familia?
- ¿Con qué estilo de apego te identificas?
- ¿Qué has visto que se repita en tus relaciones de ahora? ¿Qué harías diferente y qué haces de manera similar?

_____

_____

_____

_____

_____

_____

6.ª lección: No te confundas, enamoramiento no es amor

Quienes hemos leído algo acerca del amor, el nombre de Helen Fisher nos resulta muy conocido porque dedicó su vida a estudiarlo, así como las relaciones románticas. Ella explicaba cómo nuestro cerebro cambia en el enamoramiento: unas regiones se iluminan en respuesta a la pasión y otras lo hacen cuando alcanzamos el amor más estable. O sea, nuestro querido cerebro también se enamora de diferentes formas.

En la fase de enamoramiento quieres saber todo el tiempo de esa persona, te levantas de mejor humor, quieres saber qué estará haciendo, si estará pensando en ti, si te escribe o no te escribe, pones tu mejor voz para enviarle una nota de voz, selecciones el *outfit* perfecto para ir a cenar. Cualquier plan te parece el mejor, aunque sea sentarse en un banco en el parque a conversar toda la tarde.

La explicación es que se produce una activación en áreas del cerebro que se encuentran relacionadas con la recompensa y el placer. Estas áreas son ricas en dopamina, un neurotransmisor que nos hace producir más energía y euforia. También aparece la señora norepinefrina, la encargada de poner en marcha nuestros recursos atencionales y nos prepara para estar atentos a los estímulos que vemos en la persona que nos gusta. Esto no quiere decir que lo que sientas en esta fase no sea del todo real, sino que se vive con mucha intensidad, como si tuviésemos unas gafas de enamoramiento puestas.

El amor comienza cuando se agotan esas dosis de químicos iniciales y pasamos a ver a la persona como realmente es, sin filtros. Para entonces también detectamos los defectos y prestamos más atención a aquello que no nos gusta. Aquí reconoceremos aquello con lo que congeniamos y con lo que no, también negociaremos y descubriremos si somos afines. Pero, entonces, ¿nada de lo que veíamos en las pelis era cierto? Ni muy muy, ni tan tan. A menudo me preguntan: «¿Por qué ya no siento esas mariposas de antes?». Esto es interesante porque esta reflexión lleva a las personas a cuestionarse si aman de verdad. No hay que verlo como algo malo, es natural que suceda con la bajada de la euforia, entran otros elementos en juego. Y el amor cuando llega también es maravilloso.

Ahora mismo se me viene a la mente la película *The Notebook* para poder explicarte esto mejor. Si te fijas, la fase inicial de los protagonistas fue muy intensa, sobre todo porque era un amor imposible, no permitido. Pero, pese a ese enamoramiento inicial y tan controvertido, el mensaje de la película, que era amar incondicionalmente, se mantuvo. Ella enfermó y él se quedó con ella con todo el amor y el cuidado del mundo, ese amor tan fuerte que solo pueden sentir las personas que se conocen de toda una vida. Su apariencia cambió, ya no eran los mismos, hasta sus memorias cambiaron, sin embargo, ese amor compañero era cada vez más fuerte y leal. El amor es admitir que van a cambiar muchas cosas de la persona que quieres y, aun así, sigues eligiendo amarla por lo que te hace sentir y porque el amor también es una elección.

Así que está bien que nos conozcamos en las diferencias, pero no nos preocupemos demasiado, porque amar a una persona profundamente es una sensación maravillosa y única.

7.ª lección: El amor no es sufrir (relaciones tóxicas)

¿Qué es una relación toxica? Como bien indica su nombre, una relación tóxica es una relación que no te hace bien, no te ofrece calma, te hace dudar, te mete en encrucijadas. Al principio puedes darle poca importancia, pero con el tiempo te das cuenta de que son comportamientos que se repiten y tú no te sientes bien. Siempre digo que en una relación tóxica te regalan muestras de infelicidad gratis.

¿Cómo reconoces que estás en una relación toxica?

Porque sentirás que estarás en una especie de montaña rusa, o algo parecido:

- Te sientes ignorado o rechazado.
- Sientes que tu estado de ánimo depende en gran medida de cómo va la relación y del estado de ánimo de la otra persona.
- Tienes miedo a decir lo que sientes porque puede ser ignorado o no bien recibido.
- Tu relación está marcada por promesas y expectativas que la mayor parte del tiempo no se cumplen.
- Te sientes exhausto emocionalmente como si esa relación te absorbiera mucha energía.
- Te encuentras frecuentemente en un ciclo de rupturas o distanciamientos y reconciliación.
- Sientes angustia o ansiedad la mayor parte del tiempo.

Los límites brillan por su ausencia

No se escuchan ni se toman en cuenta tus necesidades. Si has notado que a menudo tienes que justificar o defender tus derechos dentro de la relación:

- Sientes que tu privacidad no es respetada, como que revisen tu teléfono sin tu permiso.
- Te encuentras en situaciones en las que haces cosas que te incomodan solo para evitar conflictos.
- Sientes que no puedes expresar tus emociones o necesidades sin que haya una reacción negativa por parte de esa persona.
- Te ha hecho promesas sobre cambiar comportamientos dañinos, pero las rompe todo el tiempo.

Eres quien se encarga de mantener la relación a flote

Intentas ser quien trata de mediar y resolver los problemas, quien busca conciliar y reflexionar sobre lo que ocurre, o incluso quien guarda silencio para evitar incomodar a la otra persona. Poco a poco te conviertes en la parte de la pareja que lleva el peso de la relación, mientras que el esfuerzo de tu compañero apenas se nota:

- Eres quien siempre busca tener que negociar contigo mismo y lo que sientes para estar en ese vínculo. «Bueno, tal vez no es para tanto, tal vez exagero».
- Te preocupa que, si dejas de esforzarte, la relación se deteriorará rápidamente.
- Te encuentras excusando o justificando el comportamiento de tu pareja para mantener la armonía.
- Sientes como si dieses mucho y recibieras muy poco.

Estas actitudes no son sanas dentro de las relaciones. En este punto quiero recordarte algo importante: tenemos que revisar nuestra propia forma de vincularnos y reconocer si estamos eligiendo asumir el rol de «salvador» o el de la persona extremadamente complaciente o codependiente. Si caemos en esta dinámica, debemos entender que también contribuimos a construir relaciones inseguras, bien porque en el pasado esta estructura nos resultara familiar y es nuestro modo de proceder, bien porque a la otra persona no le interesa tomar parte activa en el vínculo. Sea como sea, si uno solo maneja el barco, el barco se hundirá. En mi experiencia, no todas las personas que incurren en estos comportamientos son unos ogros, ni malas o narcisistas; de hecho, puede que al leer sobre estos comportamientos nos hayamos identificado con más de alguno.

Esto se puede dar por muchos factores: personas que no sean conscientes del daño que causan, heridas que tengamos de otras relaciones y no hayamos sanado; conductas que hayamos aprendido en casa, o inmadurez emocional. La cuestión es: ¿esto es sano? No, ¿verdad? Entonces, si no es sano, tenemos que cambiarlo y no permitir ni tolerar que estos comportamientos se mantengan en el tiempo.

Las nuevas formas de irresponsabilidad afectiva

Seguro has escuchado sobre la responsabilidad afectiva porque últimamente se habla mucho sobre este tema. El mundo ha cambiado, la forma de relacionarse y conocerse ha cambiado, nunca hemos sido tan libres para elegir y comunicarnos, y eso conlleva ventajas, pero también desventajas a la hora de relacionarnos de manera empática. A menudo, el estar detrás de una pantalla y disponer de tantas opciones como ofrecen las aplicaciones de citas o redes sociales, complica mostrar empatía. *Zombieing, benching, orbiting,* estos son algunos de los nombres con los que se designan comportamientos digitales. Son muchos nombres nuevos y a duras penas podemos recordarlos, pero es necesario que los identifiquemos para cuidarnos de conductas que nos puedan causar daño.

Antes de continuar quiero aclarar algo, no todo es irresponsabilidad afectiva o manipulación, a veces señalamos cualquier comportamiento como tal. Es necesario recalcar que, si dos personas están haciendo lo mismo, no sería un comportamiento de irresponsabilidad, sino el tipo de vínculo que deseen crear. Por ejemplo, si ambos están a gusto, pero se frecuentan muy poco y solo para algo superficial, este es el tipo de vínculo que desean llevar, no una falta de responsabilidad afectiva o una forma de manipulación.

Entonces, ¿qué es lo que hace que una conducta sea catalogada como manipulación? Su repetición y que alguno de los dos no se sienta cómodo con esto.

La manipulación viene cuando una persona busca una conexión real y la otra, sabiendo esto, responde en cambio con ambigüedad, es decir, hace creer que hay un interés, cuando no es así. Las manipulaciones y los chantajes sostenidos en el tiempo forman parte de la violencia psicológica. Normalmente asociamos la violencia con golpes, pero la verdad es que hay quienes describen de forma muy horrorosa la violencia psicológica y aseguran que en muchas ocasiones hubiesen preferido un golpe a tantas humillaciones perpetuadas en el tiempo.

Para que estas conductas se consideren maltrato deben ser sostenidas en el tiempo y tener como objetivo humillar y minimizar la autonomía y estabilidad de la otra persona. No todos los individuos que manipulan en algún momento lo hacen a conciencia o con la intención de dañar, pero su falta de responsabilidad afectiva es tanta que al final lo logran.

En este tipo de dinámica, el compromiso real nunca llega, y la persona que sí busca estabilidad queda atrapada en la ambigüedad de la otra. Esto puede generar frustración, dependencia emocional y desgaste:

- **Benching – el plan B:** el benching proviene del verbo inglés «to bench», que significa dejar en el banquillo. Es un tipo de vínculo en donde una persona no busca tener nada serio, pero desea mantener el contacto por si no surge nada mejor, es decir, dejarla como el «plan b». Por eso no ceja en halagos y le hace creer que sí mantendrán algún tipo de vínculo.

  Por ejemplo: en lugar de decir que no está buscando nada, miente. La excusa que utiliza por no haber respondido en todo el fin de semana es que tenía mucho trabajo, cuando en realidad no le importó lo más mínimo dar señales de vida.

  Aquí el objetivo es mantener a la otra persona interesada, pero sin darle prioridad. Esto es muy confuso para quien busca algo más, ya que no tiene cómo averiguar si lo que le dice es cierto o falso. **La manipulación consiste en hacer ver una cosa diferente a la que realmente se siente para utilizarlo en su propio beneficio.** En este ejemplo sería algo así: «No pierdo el contacto contigo por si en algún momento me resultas útil, o no me sale otro plan». Pero no hay una intención real de ir más allá.

- **Cushioning:** la persona ya está con alguien, pero mantiene conexiones en reserva y en plan romántico por medio de mensajes o redes sociales. Se mantienen por miedo al compromiso o miedo a quedarse completamente solos si el vínculo actual termina. En este caso se utiliza a la otra persona como un medio y en beneficio propio, pero sin llegar igualmente a nada. Hablamos del coqueteo por redes sociales, pero nunca concertamos una cita, o usar apps para ligar solo para ver qué hay mientras se está saliendo con otra persona de manera formal. También hablamos de cushioning cuando se dan muchos «me gusta» para mantener el interés, cuando al preguntar por su pareja la persona aludida responde que es una relación informal, aunque no lo sea, o menciona que atraviesan una crisis, cuando no es así.

- **Ghosting:** nunca más respondió a tus mensajes, desapareció tras una cita mientras tú le enviabas mensajes al otro día, te bloqueó en redes sociales y no tienes ni idea de por qué. Las personas que desaparecen sin una explicación no merecen tu respeto ni cariño. Este trago amargo pasará y es importante que sepas que no tienes la culpa de la irresponsabilidad afectiva que demuestren los otros, no hay absolutamente nada malo en ti o que debas cambiar. Cuando una persona actúa así, no depende de ti.

- **Zombieing – regresa del más allá:** cuando una persona desaparece de la nada, hizo *ghosting*, pero de pronto reaparece y suelta: «Hola, ¿qué tal? ¿Quedamos un día de estos?». Puede suceder también que saque otro tema como si nada hubiese ocurrido con el objetivo de volverse a ver.
- **Gaslighting o luz de gas:** negar de forma sistemática la realidad de los hechos. «¿Yo? No, yo no dije eso, siempre estás escuchando cosas que crees que dije, parece que no prestas realmente atención cuando te hablo». Resultado: la persona afectada comienza a dudar de su percepción de los hechos.

Te recomiendo ver *Gaslighting,* una película que trata explícitamente sobre este tema. Aunque algunos comportamientos son ahora muy actuales por cómo nos comunicamos, el gaslighting o el ghosting no son exclusivos de las redes sociales o apps de citas. Siempre hemos oído de esa persona cuya pareja se fue a comprar algo y nunca más regresó, o esa persona que se perdió y apareció al cabo de los años.

Sea como sea, al confiar en este tipo de personas lo único que consigues es volver a exponerte a estos comportamientos una y otra vez. Si deseas quedar nuevamente, recuerda que es probable que actúen de la misma forma. Exponerse una y otra vez a conductas así puede causar daños severos en la autoestima.

8.ª lección: El amor cuando un día sí quiere estar contigo y al otro no

¿Te has encontrado alguna vez en una relación donde las respuestas nunca llegan, solo más preguntas? ¿En donde tienes que hacer malabares para ver qué quiere o busca la otra persona porque solo te muestra conductas contradictorias?

Marta vivió una historia así.

Era una mañana lluviosa cuando Marta tocó a la puerta de mi consulta. Tenía veintitantos años, pero su rostro parecía cargar con mucho peso: ojeras pronunciadas como si hubiese pasado noches sin dormir, el cabello a medio recoger, se notaba que apenas había sacado energías para levantarse de la cama. No me malinterpretes, lo que menos quiero es juzgar la imagen de Marta, solo que me ayudaba a comprender mejor su estado emocional y el duro momento que debía estar atravesando.

Cuando le pregunté cómo se sentía, me dijo con un tono triste: «No sé cómo he llegado a ser esta persona. Antes me solía arreglar más, era más atenta con mis cosas, ahora no siento motivación, ahora lloro por todo, me siento más sensible y reactiva». Según me hablaba, su voz se quebraba y miraba fijamente el suelo, como si echara de menos a esa persona.

Quise saber cuándo había comenzado todo esto, y me comentó que aproximadamente cinco meses atrás. Le pregunté qué cambios había habido en su vida durante ese tiempo y me reveló que se había mudado hacía unos ocho meses al país y poco después había conocido a un chico, Marcos. Estuvieron saliendo varios meses, y ella sentía que su historia con Marcos era única. A veces se escapaban de la ciudad, viajaban a lugares nuevos, o simplemente disfrutaban de un paseo, salían a tomar algo o a cenar. Para Marta todo era perfecto, como un cuento de hadas, sentía que había tomado una muy buena decisión al trasladarse de país.

Sin embargo, con el tiempo esto fue cambiando. Él se volvió distante. No le respondía los mensajes con la misma frecuencia, y, cuando lo hacía, sus respuestas eran cortas, casi frías. Siempre encontraba una justificación: «Estoy muy ocupado con el trabajo», «No me gusta hablar mucho por el móvil», «Estoy estresado por la apertura de un nuevo negocio». Marta trataba de entender, de ser comprensiva. Sabía que estaba pasando por momentos difíciles con su familia y con el estrés laboral, porque eso era lo que le decía. Él le contaba que le abrumaban las responsabilidades, pero no podía delegar. Ella lo escuchaba atentamente, con la esperanza de que todo se resolviera y que las cosas mejoraran con el tiempo; se las ingeniaba para ser la mujer más cuidadosa y comprensiva de la faz de la tierra, y estaba tan ocupada en ese papel que no veía lo que pasaba en realidad.

Cuando se veían los fines de semana todo parecía estar bien. Hablaban durante horas, compartían anécdotas personales, detalles de su vida y experiencias pasadas. Al final de la noche, tras mantener relaciones sexuales con mucha pasión, él la abrazaba para dormir, y Marta una vez más pensaba que todo estaba bien. Al día siguiente, como siempre, desayunaban y pasaban la tarde juntos, hasta que Marta se marchaba a su casa porque el lunes debía trabajar.

En consulta Marta me decía que estaban mucho mejor, que comprendía que él seguía muy estresado con el trabajo, que lidiaba con muchas responsabilidades y que la vida no era fácil para él. En sus relatos, parecía que había traído una lista completa de justificaciones para buscar mi aprobación, como si quisiera que yo validara cada una de sus frases para seguir adelante con esa relación. «Esta vez hablamos de cosas muy íntimas. Y después de hacer el amor, se acurrucó para dormir, es tan tierno, lo que pasa es que está estresado», decía entusiasmada. Según ella, esto era algo que los chicos no suelen hacer.

¿El qué? ¿Abrazarnos y quedarnos dormidos toda la noche? ¡De ninguna manera! ¡Eso solo ocurre cuando hay pasión y conexión! Ella pensaba que esos pequeños gestos eran suficientes para construir una relación sólida.

Sin embargo, esto podía ser un fin de semana cada quince días, y luego volvían los mensajes fríos, la poca constancia y ni hablar de un compromiso. Marta pasaba noches en vela. La situación se iba agravando al punto de que Marta comenzó a sentir dolores fuertes en el pecho, síntomas de ansiedad. Se sentía insegura en su relación.

La constancia no era el fuerte de la relación y el compromiso tampoco. Marcos parecía ser el tipo de chicos que solo buscaba conectar a ratos y sentir emociones fugaces, pero sin que le representara mucho compromiso o mayores esfuerzos, un adicto a la emoción esporádica, pero con cero adicciones al compromiso. Y Marta, por su parte, entre semana comenzaba a darse cuenta de que eso no le era suficiente para cubrir sus necesidades emocionales y lo que ella quería. Oscilaba entre la frustración y la tristeza cuando se veía rechazada. Se sentía sola, no le apetecía comer, o a veces comía de más por la ansiedad. Sus días dependían del nivel de interés con el que Marcos se levantara. Esos rechazos eran como púas que la atravesaban. En esta relación Marta no era quien tomaba las decisiones ni el control, sino que permitía que Marcos le diera lo justo y necesario para mantenerse enganchada. Por tanto, Marta no estaba siendo dueña de su historia, y lo más triste era que no lo reconocía del todo para no alejarse de Marcos. El amor no debe sentirse como púas que atraviesan, ni una poca constancia, el amor sano de hecho es predecible, aporta una sensación de calma y tranquilidad que se nota desde lejos.

Cuando estudiaba Psicología en la universidad aprendí sobre el refuerzo intermitente. Lo descubrió un psicólogo llamado Skinner, que buscaba realizar experimentos sobre la conducta humana. Skinner creó un experimento con roedores: se les enseñó a accionar una palanca para recibir su alimentación. Tras varias repeticiones, el patrón de conducta estaba creado, los roedores manipulaban la palanca y aparecía una recompensa en forma de comida.

Posteriormente probaron a cambiar ese patrón de conducta: les daban la comida de forma aleatoria. Se esperaba que los animales se aburrieran y buscaran comida en otros lugares; sin embargo, sucedió todo lo contrario: se obsesionaron con accionar la palanca para encontrar comida en el mismo lugar y al no encontrarla su salud comenzó a empeorar. Lo mismo sucede con las máquinas de juego, esas en las que se introduce una moneda, se pulsa un botón y sale una moneda, nos obsesionamos con seguir tirando de la palanca para lograr un premio.

En el caso de las relaciones funciona de forma parecida. Es lo que le sucedía a Marta, que se había obsesionado con las muestras iniciales de interés y afecto por parte de Marcos y se aferraba a la relación esperando volver a sentir nuevamente esto. El cerebro segrega adrenalina y cortisol por el estado de estrés y confusión. Esto hace que dediquemos más tiempo a hacernos preguntas sobre lo que ocurre y a esperar todo el día si esa persona da señales de vida o no. Cuando aquella aparece con el mismo interés (reforzador), se experimenta un subidón brutal de energía que confundimos con un «esta persona me encanta, tiene un no sé qué que de verdad me atrae», pero no es más que la dopamina segregada por el cerebro, que nos convence de que todo es genial y estará bien. El refuerzo intermitente es lo que atrae porque engancha que no tienes ni idea. Gracias a Dios existe la ciencia, que nos ayuda a comprender cuál es ese no sé qué que nos encanta y a la vez nos destruye.

Las relaciones que se caracterizan por emociones como una montaña rusa, en donde nada es certero, se vuelven una adicción. No solo somos adictos a las drogas o al alcohol, también podemos hacernos adictos a este tipo de relaciones y que nuestra voluntad se vea afectada. La dopamina juega un papel importante en las adicciones: cuando hay una privación de esta, se busca como sea volver a tenerla. Aunque no siempre salga un premio, las personas se enganchan a un refuerzo intermitente, seguimos pulsando la palanca con la esperanza de volver a sentir lo que se sintió al principio, atención y afecto.

La primera pregunta que debemos hacernos es: ¿nuestras relaciones son seguras?, ¿hay coherencia en el vínculo? Porque nos hacemos adictos a lo malo también y eso va a ser un problema. No quiero decir que tengas un apego ansioso o que seas dependiente, sino que buscar afecto y cariño es natural y lo esperado en un vínculo. Cuando no se recibe es normal que te preguntes qué ha sucedido. En muchos pacientes que veo en consulta observo lo mismo, que no se relacionan de una forma segura con las personas que estaban, y esto a cualquiera nos genera angustia. Una relación en la que los momentos fenomenales sen esporádicos, pero la mayor parte del tiempo sientas angustia no es saludable, de hecho, entra en lo tóxico.

Marta era una chica despampanante e inteligente, pero se sentía muy sola, se había mudado de país, tenía pocos amigos y su trabajo no le permitía contar con un círculo social como le hubiese gustado, y esto hacía que se aferrara más a ese vínculo inseguro que tenía con Marcos. Necesitaba aprender a descubrir qué era el amor para ella, comprender que había que aceptar unas cosas y rechazar otras, trabajar en su autoestima e inseguridades y buscar una red que le brindase apoyo emocional para no esperar solo esto de una relación de pareja.

Buscar todo en una pareja es cómodo: no tenemos que movernos para hacer amigos, no tenemos que utilizar parte de nuestra batería social ni fomentar esas amistades genuinas, nos concentramos en el trabajo y en la pareja, pedimos comida para la casa y hacemos planes que están en nuestra zona de confort. Sin embargo, si este mundo que te construyes y en el que te aíslas con una sola persona se cae, la vas a pasar mal porque es el único mundo que tienes y conoces. Y no, no quiero decir que ahora seas la persona que más sale del mundo, no. Quiere decir que tu mundo no puede depender de una única persona. Algo que siempre debes preguntarte es: si esta relación terminara en este momento, ¿mi vida me gustaría? ¿Me gustaría lo que hay en ella? ¿O lo único que me causa felicidad y comodidad es esta relación?

Marta lo comprendió. Continuó con la terapia, entendió y se perdonó por ser vulnerable, buscó clases para aprender italiano, hizo un grupete encantador con el que salía a cenar y asistía a eventos de filosofía que también le gustaban. De pronto, Marta ya no dependía de un único hilo, se sentía con mayor poder y adivina qué: Marcos la veía ahora más interesante. ¡Bendito interés reforzador! Sin embargo, ella ya no quería esto. Había pasado en otras oportunidades, que, cuando Marta se distanciaba, Marcos se acercaba, pero al final nunca concretaba un compromiso con ella. Poco a poco sus tan anheladas ilusiones se fueron desvaneciendo mientras se cansaba de esperar algo que no llegaría nunca. Fue llenando «su maleta», como suelo decirles a mis pacientes, de amor propio, de amistades, de momentos y pasiones personales que le hicieron volver a conectar con ella y darse cuenta de lo mal que lo había estado en esa relación y lo poco que estaba aceptando para ella.

A veces no somos conscientes de todo el potencial que tenemos porque continuamos buscando algo en donde no debemos y dándole a la palanca una y otra vez hasta que salga el premio. Cuando nos damos cuenta de que tal vez no sale un premio y que eso solo puede empeorarnos, buscar otra salida es la mejor opción.

Si te ha pasado algo parecido al caso de Marta, sé que no es fácil: cuando estás dentro de estos acertijos relacionales, es difícil ver las cosas con claridad, porque pasas más tiempo intentando descifrar los mensajes contradictorios que otra cosa, y tu cabeza no para de pensar y de sentir emociones confusas porque el cerebro es quien funciona asociando patrones conocidos y lógicos para sentir seguridad, busca y busca, y no los encuentra. Eso hace que te lleves tarea para la casa y encima que te lleves tremendo malestar.

Si estás en un vínculo que te origina más dudas que respuestas, pregúntate: ¿Qué quiero realmente con alguien? ¿Este vínculo me ofrece lo que busco, o me quita más de lo que me aporta? ¿Me la paso todo el tiempo con malestar? La única forma de darle claridad a algo es hablar. Y cuando alguien quiere construir algo, lo hará así le cueste, porque no quiere perder ni la conexión ni la dirección que está construyendo contigo.

Preguntas clave para hacerle a la otra persona y aclarar para ti las cosas: ¿Hacia dónde vamos? ¿Esto tiene algún propósito para ti? ¿Está en tus planes una relación más seria? Los actos que tienes y las palabras son bonitas, pero ¿qué significan realmente para ti? ¿Qué te hace falta para avanzar? Si la respuesta es evasiva o ambigua una y otra vez, eso ya es una respuesta. Las respuestas ambiguas se dan porque muchas veces la otra persona no sabe lo que busca o no quiere comprometerse, sin embargo, no quiere perder la conexión que tiene contigo, pero ¿es justo para ti y para tus necesidades emocionales? ¿Para la forma en que quisieras que te traten o la dirección en que te gustaría llevar una relación?

Dale claridad a las cosas, porque tu cerebro no va a dejarte descansar hasta que tenga las cosas más claras.

9.ª lección: Quien te ama no te maltrata

Hay quienes juran y perjuran que las personas que mantienen relaciones de maltrato son porque así lo decidieron, porque quieren una relación en donde les traten así y les hagan la vida de cuadritos. Y no, no es así. Hoy en día cualquiera de nosotros puede sumergirse en una relación toxica o de maltrato, no hace falta que hayamos sido maltratados de niños ni tener traumas para estar ahí. Cuando hice mi investigación sobre el tratamiento en terapias enfocadas en trauma para pacientes víctimas de violencia psicológica, me di cuenta de que un factor importante y de riesgo es no contar con una red de apoyo cercana que les ayude a tener bienestar.

Muchos estudios indican que, cuando no te sientes parte de algo y te aíslas, el cerebro manifiesta dolor como si fueran golpes. Y todo esto puede llevarte a ser una presa fácil para una relación así y tolerar cualquier tipo de abuso: con tal de no sentirte solo o aislado, te vuelves dependiente. He conocido personas superlindas, con muchísimo potencial, que se diría que es imposible que se hayan visto en una relación así. Y así ha sido porque tal vez no mantenían cercanía con su familia, una red de amigos, o porque estaban atravesando un momento tan duro que no encontraron otra salida.

La violencia en las relaciones ejercida como abuso emocional es algo que se viene dando de forma progresiva. No

Tu historia con el amor 151

siempre invalidan, gritan o maltratan, tienen sus momentos en donde son las personas más cariñosas y atentas del mundo. Sin embargo, pueden pasar de ser encantadoras a discutir y culparte por algo que ni siquiera comprendes bien. Esto crea una confusión tremenda, no es fácil darse cuenta y salir porque te enfrentas a un mecanismo de negación que activa tu cerebro para que no sufras y que te impide ver la realidad como la ven los demás. Así que te dices: «No me lo creo, él no es así, fue solo esta vez, ya se le pasará, seguro que tuvo un mal día». No, no fue un mal día. Esto va a ser cada vez peor.

El ciclo de la violencia

Como esto es repetitivo, tal cual esquema cíclico, la doctora Walker describe la violencia en relaciones abusivas como un ciclo que se repite en tres fases:

- Fase de acumulación de tensión: en esta etapa, la tensión crece poco a poco, aunque pueda parecer que la relación está en «calma».
- Fase explosiva: aquí es cuando estalla el conflicto y ocurre la violencia de la peor manera. Esta etapa puede incluir discusiones intensas, insultos, ofensas, gritos o incluso agresiones físicas. Es el momento de mayor maltrato y agresión en la relación.
- Fase de «luna de miel»: después de la explosión, llega un periodo en el que la persona que ejerce el maltrato se disculpa y promete que no volverá a ac-

tuar de esta manera. Puede mostrar arrepentimiento y hacer promesas de cambio, tratando de recuperar la confianza de la pareja. Esta «luna de miel» suele traer momentos de calma y afecto, lo que lleva a la víctima a pensar que el problema se ha resuelto y que la relación puede mejorar.

Este ciclo se repite, y el vínculo se vuelve cada vez más inestable y dañino. La fase de «luna de miel» va disminuyendo en duración y efectividad, mientras que las fases de tensión y explosión se intensifican. Las agresiones no van a menor, siempre van a mayor, de modo que, si la semana pasada te gritó, te dijo un insulto menos «fuerte», como «tonta», luego te va a llamar «zorra», etc., o te va a herir con algo más fuerte que le hayas contado, por ejemplo. Porque ya la dinámica de agresión se instaló.

La fase de la reconciliación hace que te confundas y bajes la guardia. Te pide perdón, dice que no puede vivir sin ti, te promete amor para toda la vida y que mejorará por el bien de los dos. Va tejiendo una mentira que te crees porque estás dentro de ello, porque no quieres creer de nuevo que esa persona no pueda cambiar.

¿Cómo es estar ahí? Como si caminaras sobre cáscaras de huevos: es como cuando tienes que andar con mil ojos para no decir algo que pueda molestar a otra persona. Vives en una alerta constante y al final no eres tú mismo, no puedes expresarte con total libertad por miedo a cómo va a reaccionar el otro. Y lo peor es que eso, con el tiempo, genera mucha ansiedad, depresión, trastornos alimentarios, afecta por todos lados tu salud, tu autoestima y la confianza en ti mismo.

Sentimientos de invalidación: nada de lo que digas va a estar bien, y es mejor que no intentes esforzarte en cambiar algo de tu esencia o personalidad, porque mañana te dirá otra cosa que tampoco estará bien, y así te tendrá, un día tras otro.

Si le dices que algo te duele o te hiere, no solo te invalidará, sino que te culpará a ti de ello.

Críticas destructivas hacia ti y hacia tu entorno: las críticas destructivas son el pan de cada día.

- ¿Por qué te ves tan mal? Últimamente pareces descuidada.
- Pero ¿qué le pasa a tu familia? ¿No tienen tema de conversación o qué?
- Ay, es que tus amiguitas siempre se las traen, son como unas zorritas, ¿no?
- Claro, si hubieses estudiado más, posiblemente sabrías de lo que hablas.

Humor sarcástico: utiliza el humor sarcástico para invalidarte.

- Ay, la sabelotodo… Ella nunca se equivoca, hay que darle la razón.
- A ella siempre hay que ayudarla, sin mí no podría hacer nada.

El aislamiento: los mecanismos de acción del aislamiento pueden ser directos o indirectos, y ocurren cuando la persona que controla y es violenta prohíbe a su pareja salir y tener una vida normal.

- **De forma directa:**
    - No quiero que salgas con tus amigas.
    - Tienes que estar en casa porque ese es tu deber.
    - No me gusta que salgas, eso no lo hacen las mujeres que están en una relación.
- **De forma indirecta:**
    - ¡Esos amigos que tienes nunca te valoran! ¿Para qué vas a ir a sus cumpleaños?

¿Qué sucede con el aislamiento? Que te vas perdiendo a ti misma, ya no sabes qué te gustaba, cómo eras, cómo disfrutabas con tus amistades, tu familia y tu entorno. Te vas apagando poco a poco y te habitúas a esa realidad con esa persona, con sus críticas, y vas normalizando el desgaste emocional.

Es normal que te sientas así:

- Retraída.
- Desmotivada, sin ganas de vestirte o arreglarte como antes.
- Sin ganas de frecuentar a tus amistades.
- Con sentimientos negativos todo el tiempo.
- Ansiosa.
- Con problemas somáticos, temblores, picores en la piel, dolor de cabeza.

- Fatigada.
- Desesperanzada.
- Depresiva.

¿Por qué estás ahí si es tan malo?

Te voy a contar esta historia que, aunque es un poco triste, explica lo que ocurre en la violencia que se da de forma progresiva.

Imagina que meten una rana a una olla y la van hirviendo poco a poco. Ella irá adaptando su calor corporal para mantenerse en el agua a pesar de las elevadas temperaturas. La rana no se da cuenta de lo que sucede porque está ahí, dentro de la olla, como para saber que esa no es la temperatura normal. Cuando la rana desea saltar fuera de la olla, ya es demasiado tarde porque todas sus terminaciones nerviosas y su cuerpo se han debilitado tanto que ya no puede saltar. Esas terminaciones nerviosas es nuestra autoestima, nuestra percepción sobre nosotros mismos que cada día se encuentra frente a una puerta de rechazos, desplantes, ofensas, tratos de indiferencia, invalidaciones, manipulaciones. Nos debilita cada vez más. ¿Recuerdas cuando hablamos sobre las personas incorrectas que podían desgastarte y robar tu energía? Pues esto es algo parecido, pero mucho peor porque convives con esa persona.

Aprendes a caminar sobre cáscaras de huevo. A esto lo llamamos «indefensión aprendida». El nombre viene porque nos damos cuenta de que no tiene sentido que le digamos algo para que la relación mejore, ya que es peor, entonces mejor no decir nada. Esto, con todo, no tiene caso porque siempre habrá un problema nuevo, algo que no hiciste bien, algo en lo que te equivocaste. **Vivir en una relación de violencia es vivir acostándote con la culpa, el abandono y la tristeza todas las noches.** Estarás todo el día ahogándote en un problema nuevo y viendo cómo resuelves esa situación del momento, pero cada día será una situación nueva que se anuda a las anteriores.

Otro aspecto importante es que la violencia también aísla. Cuanto más control se tiene sobre ti, más te aíslas del entorno. El desgaste de la relación constante hace que no te sientas bien ni para compartir con los demás, sientes culpa a cada rato porque te sembraron la culpa en tu interior. Vas perdiendo tu identidad poco a poco, y cuanto más tiempo pase más seguirás sintiendo que te pierdes a ti misma, que no te apetece hacer lo que solías hacer. La violencia también puede vivirse desde una extrema vulnerabilidad, una situación fuerte que se esté atravesando, que no tenga una red de apoyo, o se esté pasando por algún trastorno mental, depresión, ansiedad, etc.

La violencia puede haberse aprendido y normalizado desde el hogar, bien porque la vivimos nosotros, bien porque lo vimos en los otros. Si nos daban palizas, nos ignoraban, nos aplicaban la ley del hielo…, entonces si mi pareja me grita y me manipula tal vez no lo veo como algo tan malo. En el amor también se romantiza la posesión, los celos, las prohibiciones. En pocas palabras, todo lo que acompañe a poseer al otro es visto como algo positivo en el amor. Sin embargo, lejos de ser así, es algo bastante dañino, lo que hace que la violencia pase desapercibida y en ocasiones incluso se acepte.

Lo que te dices para no salir de ahí

- ¿Y si no encuentro a alguien más?
- Cuando pase esta crisis todo mejorará.
- Es mejor estar en una mala relación que no estar.
- Si dejo la relación seré la culpable de su sufrimiento.
- Es que siento que no merezco nada mejor, por eso tengo este tipo de relaciones.
- No creo que pueda estar lejos de esta persona.
- Es que él me ayuda a tomar mis decisiones.
- Estamos locos, pero nos amamos.

Salir de una relación así no es tan fácil como decir: «Hasta aquí», y marcharse, porque se lucha con el miedo que nos plantean estas preguntas: ¿Qué vendrá después? ¿Qué hará esta persona? ¿Como podré salir adelante? No solo es el miedo a que no puedas manejarlo y a perder la relación, a veces el miedo responde a otros factores, y te dices: «¿Y si estoy mejor aquí, aunque duela?».

No estás loca por sentirte atrapada, ni eres débil porque te cueste irte. La verdad es que nadie te prepara para estar en una situación así, esto es un proceso en donde tienes que recuperarte del daño emocional que te están causando y de la situación que te hace dudar tanto de ti.

Si este es tu caso, aunque no conozco tu historia y no quiero forzarte a que termines algo solo por leer estas líneas, te pido que escuches a esa parte de ti que te dice que algo no anda bien, que lo que ves no puede ser amor, que se siente con miedo por no saber cómo se levantará esa persona a la mañana siguiente, si con el pie derecho o izquierdo, si el día será peor que el anterior.

No es que estés loca, no es que no merezcas el amor de los demás, es que te están haciendo creer que tú no lo mereces y por eso te cuesta tanto dar el paso de salir. Estás confundida y con miedo, porque esa es la emoción que te maneja ahora mismo. Además, en el estado en el que te encuentras pondrás en duda muchas cosas sobre ti, pero eso no será así siempre, te recuperarás apenas comiences a encontrarte de nuevo.

Una persona que te quiere no te maltrata porque sí, te maltrata porque es su forma de vincularse, y tú no mereces ese vínculo. Al menos, repítete esto una y otra vez. Repítete que no es normal que una persona te demuestre una versión un día y al otro día te muestre su peor cara, no es normal ni aquí ni en ningún lugar del mundo.

Si sientes que algo anda mal, pero las dudas te invaden, lo mejor que puedes hacer es hablarlo con alguien en quien confíes y pedir ayuda para empezar a planear una salida, estas situaciones a veces requieren tiempo. No te sientas culpable por vivir esto, le puede pasar a cualquier persona, y aunque salir no es fácil, quedarse no es una opción. Porque, aunque podrás confiar y perdonar una y otra vez, también volverás a sentir todo ese malestar que sientes una y otra vez.

Busca dar el primer paso, ¿sabes por qué? Porque luego comprenderás que mereció la pena y te sentirás tan pero tan libre que no te lo vas a creer.

6
Cerrar capítulos

¿Por qué se puede terminar una relación?

El amor también nos lleva a cerrar ciclos que duelen un montón, sí, pero que cuando ya no hay más que hacer o no es el lugar adecuado para ti, son necesarios para avanzar. No todas las relaciones se terminan porque fueron tóxicas, algunas relaciones terminan porque no compartían proyectos vitales juntos, alguno de los dos se va a vivir a otro lugar, o reconocían que las diferencias eran muchas y lo mejor era que cada uno tomara su camino por el bienestar de los dos.

Hay capítulos que es necesario cerrar porque hasta que no los cierres no te permitirás pasar la página ni ser tú, y te comenzará a afectar en otros aspectos de tu vida. Las personas incorrectas también pueden ser aquellas que no están alineadas con lo que quieres para tu vida. A veces esas personas simplemente no son correctas para el momento en el que te encuentras o el tipo de relación que buscas. Continuar con ellas te supondrá más costes que beneficios, hará que tu cabeza dé vueltas una y otra vez, sin llegar a lo que realmente buscas o deseas.

Los capítulos hay que cerrarlos, pero no cuando se le acaba la punta al lápiz, o el tintero a la pluma, porque mientras eso pasa puede ser que, para no pensar en esa situación, comiences a crear un patrón totalmente insano para ti, que comas de más para callar tus emociones, que salgas a beber porque te sientes solo, que busques otras compañías porque no te sientes valorado ni escuchado, que hagas todo menos cuidarte porque convives con el rechazo una y otra vez... Al final, esto te hará más daño, y créeme, para que algún día sientas alivio debes cortar con lo que hay, porque es la única forma.

Cuando se ha tratado, se sabe lo que hay y una relación representa más costes que beneficios, hay que plantearse seriamente la ruptura, porque a veces aceptar *que no es la persona correcta para ti en ese momento también produce alivio*. Porque a veces la única manera de acabar con todo es cerrar el ciclo, aunque al principio sientas que se te viene el mundo encima.

El duelo

El duelo es un proceso psicológico que enfrentamos cuando vivimos una pérdida Sentimos que algo muere en nosotros, la idea de relación, la idea que te habías formado junto a alguien más, y nos toca asumirlo como podamos.

Todos los duelos se viven de forma distinta, no todas las fases se viven de forma lineal o correlativa. Así podemos experimentar rabia al inicio, tristeza, o al revés, y esto no significa que estemos retrocediendo. A veces, cuando nos volvemos a sentir tristes, nos desanimamos, pero en todos estos pasos continúas elaborando un proceso que te ayuda a transitar el duelo. Pero ¿sabes qué pasa? Que nuestro cerebro está hecho para afrontar los procesos de duelo y para sanar.

Te explicaré las fases por las que pasa nuestro cerebro en este proceso:

Fase de estado de shock emocional y negación: ¿Qué? ¿Por qué? Esto no es real y no ha pasado.

Aquí es cuando sentimos una reacción de rechazo o de evitación a lo que sucede, nos cuesta creerlo, nos parece que fue una pesadilla y que nos acabamos de despertar. Pero sí, es real, lo que tanto temías ha sucedido, la relación se ha terminado. Y esto, aunque te deje un hueco en toda la boca del estómago y unas cuantas noches sin dormir, lo irás procesando poco a poco. Es natural que intentemos pensar que esto no ha pasado, porque necesitamos darle tiempo a nuestro cerebro para que haga su trabajo y procese un impacto emocional tan fuerte. No es tan fácil para nosotros terminar con alguien, desapegarnos y a la semana siguiente actuar como si nada hubiese pasado, sino que necesitamos tomarnos el tiempo de procesarlo. Aquí es más duro para la persona que no se lo veía venir o no lo esperaba porque la noticia llega de golpe.

¿Y ahora qué? ¿Cuánto me llevará superar la ruptura? ¿Cuánto tiempo voy a estar sintiéndome así? ¿Será que fue un error dejarle ir?

Va a ser difícil, no te voy a mentir. En esta fase tal vez

Cerrar capítulos   163

te hagas esas preguntas o estas otras: «¿Qué he hecho mal?», «No sé cómo seguir adelante si no estamos juntos», «¿Y si hubiera hecho las cosas de otra manera?», «¿Por qué siempre me pasa esto?», «Me voy a quedar solo para siempre», «¿Por qué no soy suficiente para que alguien se quede?», «Tal vez fue un error dejar que se marchara».

Siempre creemos que cometimos un error, que no nos volveremos a enamorar, que nos quedaremos solos para siempre, que no nos van a querer más. Esto es lo que se piensa en esta fase porque ahí duele mucho y echamos de menos, lo idealizamos todo por la separación. Sentimos el verdadero balde de agua fría de desapegarnos de esa persona, y eso es muy doloroso. Pero, créeme, así como he visto a muchas personas decir lo que se dice en un inicio también los escucho decir luego: «No entiendo cómo pude permitir esto, como estuve tan ciego» o «De verdad, si no estábamos bien, me alegro de que se terminara». Desde la distancia, cuando tengas mejor visibilidad de lo ocurrido, comprenderás por qué terminó. No siempre echar de menos significa querer estar con esa persona.

Se puede echar de menos, llorar a mares y al mismo tiempo tomar la mejor decisión para ti y para tu vida.

Fase de tristeza: esta fase también es dura. No solo sé que echarás de menos a esa persona, sino también lo que solías hacer juntos y muchas cosas que quedaron por completar. Calma, respira, que le eches de menos no significa que necesites regresar. Piensa también en por qué las cosas no funcionaban. Cuando echas de menos, lo que extrañas es lo que en verdad te gustaba, pero no las discusiones, las peleas o los errores que se cometieron en la relación, y a esa realidad le faltan partes que contar. Estás transitando una etapa más del duelo en la que vas a echar de menos todo. Te pido que aguantes porque, aunque es una etapa durísima sí, no será permanente. Porque, así como duele, también llega un momento en que deja de doler tanto, piensa que nuestro cuerpo está hecho para sanar y recuperarnos de las pérdidas.

Intenta no ver nada que te evoque la relación. Se puede salir a caminar, quedar con amistades, ir al cine, aunque te cueste en principio, cada paso que das te está ayudando a enfrentarte a esto. El duelo es un proceso activo, no algo que cura el tiempo, sino algo que también hacemos con lo que sentimos. Claro que también debemos darnos el espacio para llorar cuando lo necesitemos.

Vas a ver que algunos días serán más difíciles que otros. No te obsesiones con esto, no estás retrocediendo, sino elaborando un duelo, y aquí todo lo que se hace importa. Si un día te arrancas a llorar otra vez, no te preocupes, los días que sientes más calma también suman.

Fase de ira: la ira no solo puede venir por lo sucedido, que es la ruptura, sentir enojo porque la pareja se rompió, también puede venir por cómo se comportó la otra persona, o cómo lo tomó, y también por nosotros mismos si sentimos que nos fallaron: «¿Cómo me permití volver a confiar?», «¿Cómo pasó esto?», o una ligera sensación de querer distanciarte porque sientes que no te valoraron lo suficiente.

La ira puede ser «positiva» en el duelo porque invita a considerar que tal vez sea necesario tomar distancia, ayuda a concebir la idea de alejarte, cuando en la tristeza solo pensabas en acercarte. Te das cuenta de que no solo puedes experimentar tristeza, sino también otras emociones que te hacen pensar distinto. La ira te dice: «Bueno… tal vez sí había cosas que no me agradaban tanto después de todo». Si se gestiona de forma adaptativa te brinda la ocasión de poner la mirada en la aceptación para comenzar a comprender mejor las razones de la ruptura.

Fase de aceptación: aquí ya no hay tantas lágrimas que derramar, te comienzas a sentir de mejor ánimo, te apetece más hacer otros planes y concentrarte en ti. Comienzas a ver las cosas que no habías visto antes de esa persona y de la relación.

Cuando podemos verlo desde el agradecimiento, es como decir: «Gracias por lo que vivimos, por los momentos bonitos y por lo que aprendí contigo». No significa que no doliera, pero ayuda a aceptar que ya terminó sin quedarte enganchado. Soltar desde ahí se siente más liviano, sientes más paz. Y oye, si agradecer no te sale (porque seamos sinceros, a veces no se puede agradecer mucho que se diga), está bien, trata de mirarte con cuidado a ti, como si te dijeras: «Lo intenté, di lo mejor que tenía, y lo hice desde el amor, esto es lo que me salió dar en ese momento de mi vida».

Créeme, llega ese punto en que afirmas: «Ya está, ya se terminó», y eso produce un alivio inmenso. Creías que no llegarías, pero lo lograste.

Sanar también se trata de aprender y de cuidarte.

Cada persona lleva el duelo de diferentes maneras, no hay un tiempo exacto, pero sí hay pautas para ayudarte a transitar el duelo.

166   Ahora yo decido

No te contengas: contener lo que sientes solo hará el proceso del duelo más largo porque no podrás desahogar tus emociones y estas se quedarán estancadas. Así que llora lo que necesites, desahógate todo lo que puedas, es válido y más que necesario expresar tus sentimientos en estos momentos. Al dolor hay que transitarlo, no existen atajos para procesar el duelo, no hay salidas secretas, hay que atravesarlo, pero, créeme, luego de que lo proceses te sentirás mejor. Llegará un momento en donde las cosas te hagan más gracia, te apetezca hacer más actividades porque los recuerdos no estarán tan vivos, y ello se debe a que las emociones ya se han transformado.

Ten en cuenta las razones por las cuales terminaste y cuéntate la historia: nadie es tan especial como justo cuando la relación se terminó, y si nos ha dejado nos imaginamos a un Dios griego, suena chistoso, pero es que en ese momento idealizamos más de la cuenta los buenos momentos y dejamos de lado lo malo y aquello que no funcionaba. Por eso vendría bien que anotes por qué terminaron o te lo digas a ti misma, como si estuvieses preparando un discurso o explicándoselo a alguien más. **Al cerebro tenemos que contarle historias para que pueda comprender lo sucedido.** Si esa persona fue la que tomó la decisión de romper, haz un discurso igualmente y ponte en una posición de aceptación, de admitir las diferencias, no nos podíamos poner de acuerdo en nada, por ejemplo. Aunque yo no tomara la decisión de romper la relación, ahora mi decisión sí es soltar.

Contacto cero: si queremos llegar a esa parte en donde los recuerdos ya no estén tan vivos y ya no duela tanto,

Cerrar capítulos   167

necesitamos que ocurra un distanciamiento. El contacto cero se utiliza cuando superar una ruptura se vuelve demasiado difícil o cuando se ha vivido una relación tóxica o violenta; el objetivo es poner un final al ciclo de daño continuado. Esto incluye asimismo tomar distancia por un tiempo de todo lo relacionado con la persona, como familia amigos, lugares que frecuentaban.

El contacto cero implica dejar de revisar las stories de tu ex, mirar qué hacen los amigos a ver si, por suerte, entra ese rayito de esperanza y lo vuelves a ver, aunque solo sea por fotos... Cualquier cosa que te haga recaer es mejor quitarla del camino. Si otra vez se comienza, tu cerebro se aferrará nuevamente a ese recuerdo que le está costando dejar ir, te dirá algo así como: «¿Y si solo le pongo un "hola"? ¿Y si le escribo para ver si recuerda el nombre del sitio al que fuimos hace tiempo?». No caigas en esas trampas, porque volver a abrir la herida duele y bastante.

Diles no a las relaciones lianas: son aquellas que se inician justo cuando la anterior relación va terminando. Un clavo no saca otro clavo, por más que se quiera pensar en otra persona, reparar el corazoncito lleva su tiempo. Un clavo lo saca el amor propio, el tiempo que te des en sanar, tu red de apoyo y cómo lleves este proceso.

Lo más recomendable es pasar este tiempo contigo y con amistades que te ayuden a nutrirte. Iniciar una nueva relación cuando no se ha procesado el duelo es como ponerle una titirita al duelo, en lugar de curar la herida, que se acabará infectando y va a doler.

Lanzarte a vivir nuevas experiencias con alguien, sin haber vivido el duelo antes, puede ser contraproducente, ya que más tarde quizá descubras que esta nueva relación no era para tanto o que compares a ambas personas y lo pasas fatal pensando que nunca vas a poder olvidar a tu ex. En realidad, no es que no puedas olvidarle, es que tu corazón aún no está preparado, el cerebro no puede procesar el duelo y a la vez ilusionarse. Date tiempo para ir poco a poco; si quieres ver a otras personas, ve con calma. Recuerda que, antes de que sane, la herida primero duele. Al final lo lograrás aceptar y te sentirás mejor para comenzar otra historia.

Rodéate de personas significativas: nútrete de personas que sean cercanas, retoma viejas amistades, amigos, familiares. Habla con ellos, desahógate, ahora quieres que te escuchen, que te mimen un poco. Sentir ese calor y cariño puede ayudarte mucho en este proceso, porque cuando estamos vulnerables esa mano amiga, ese abrazo de tu mamá o de tu sobrino ayuda un montón. Te hacen conectar con el cariño y la ternura que tanto necesitas y mereces en estos momentos.

Aprende a estar a solas: esto es un momento para acompañarte y animar la relación contigo misma. Sé que ahora no estamos de muchos ánimos, pero **a veces tenemos que hacer las cosas para encontrar los ánimos en el camino**. Comienza esa actividad que siempre has querido hacer y aún no te has dado la oportunidad, o retoma algo que hayas disfrutado mucho en algún momento de tu vida.

Dedica este tiempo a conocerte un poco más. Pregúntate qué te gustaría hacer en estos momentos. A lo mejor podrías estudiar algo que te guste mucho, inscribirte en alguna clase de baile o estudiar un idioma.

Sal a caminar: en un proceso de duelo es natural no sentir ánimos para moverte, pero es recomendable que salgas a caminar un rato, te ayudará a despejarte y a poner tus pensamientos en orden. Así que sal con tus amigos, descubre sitios nuevos, haz ejercicio, aunque solo sea un poco.

Escribe una carta: escribe una carta con todo lo que sientes sobre lo que has vivido, con lo que necesites desahogar. Es una carta para ti para despedirte, para darle lugar a las palabras que aún están ahí atragantadas. Te recomiendo que no la entregues, sino que la quemes, es un acto simbólico para hacer un cierre y darles espacio a tus palabras.

Siempre digo que, cuando estamos atravesando una ruptura, tenemos que comprender que sanar no es algo que el tiempo por sí solo lo cure. A ver, quédate tres meses mirando el techo sin hacer nada y sin salir para ver cómo te vas a sentir. Sanar es un proceso activo que requiere que nos involucremos en otras actividades y nos estimulemos con tareas que nos generen bienestar.

Las rupturas son de las cosas que más nos enseñan, que insisto, luego pasará. Si ahora te encuentras en un momento de bajón, también te recomiendo que veas una de mis películas favoritas: *Come, reza, ama*, que trata precisamente sobre cerrar ciclos, y el mensaje que transmite es superpotente y te inspirará.

Un golpe de realidad

Hace muchos años, cuando estaba en la universidad tuve una relación de cinco años que terminó. Era muy joven y a esa edad muchas veces no tenemos la madurez suficiente para saber llevar una relación ni poner límites. Cuando algunas cosas se rompen, por más que intentes dar mil oportunidades, es muy difícil volver a recuperar lo que una vez se dio y se rompió. Pues yo di mucha confianza (demasiada) y esa confianza no la cuidaron, no le dieron el lugar especial que merecía.

Así que pasé un tiempo cuestionándome qué hacer, porque, siendo sincera, aunque sabía lo que debía hacer, me costaba un montón dar ese paso, lamentablemente no era el único problema con el que me tocaba lidiar. Hasta que tuve un punto de inflexión: un golpe de realidad, como si me llegara un soplo de viento a la cara muy fuerte que no me dejó pensar en otra cosa más que en que debía tomar esa decisión.

Falleció mi abuelo, uno de los hombres con el corazón más noble que haya conocido en la vida, muy generoso, que siempre se preocupó por el bienestar de los demás. Su fallecimiento nos dolió mucho a todos, pero dejó tanta alegría en nuestros corazones que solo podíamos recordarlo con una extraña sensación de tristeza, pero al mismo tiempo nos reíamos de algo gracioso que hacía o decía porque mi abuelo también tenía muy buen sentido del humor.

Posiblemente te estés preguntando por qué, si estábamos hablando de romper una relación, ahora te hable de mi abuelo. Tienes razón, pero te prometo que llegaré a algo con esto.

En los días posteriores a la muerte de mi abuelo, me fui a vivir unos meses con mi abuela, hasta que ella poco a poco aceptara lo que había ocurrido. Los días siguientes en su casa la veía llorar hasta quedarse dormida y llorar apenas se despertaba... Se me arruga un poquito el corazón mientras escribo esto, pero eso me hizo comprender el significado del amor.

Fue como si, de cierta forma, me viese en un espejo como ella y aprendiese a valorar y apreciar más mi vida y la etapa en la que me encontraba en ese momento. Mi abuela posiblemente tenía todas las razones para sentirse así, ella había hecho toda una vida junto a un hermoso ser humano y seguro que la tristeza la embargaba, pero algún día, cuando las lágrimas ya no fuesen su día a día, le reconfortaría saber que pasó toda su vida con una persona que la amó de verdad.

Empecé a darme cuenta de todo lo que estaba perdiendo por cuestionarme una y otra vez qué hacía en esa relación. Era muy joven y tenía toda una vida por delante, y merecía a una persona que me valorara. Así que en esos días lo vi todo mucho más claro. Al fin tenía fuerzas para acabar con la relación.

Terminar una relación no es fácil. A veces lleva su tiempo transitarla, remueve todo dentro de ti, porque sientes que estás dejando atrás una parte importante de tu vida junto a alguien. Pero incluso con todo ese dolor y todo lo que dejas atrás, aunque sientas que te caes a pedazos, sabes que es lo correcto. Reconoces que es tu decisión cuando ya la has tomado, una decisión que nace de un lugar de aceptación profunda donde ya no hay espacio para las dudas, solo quieres que llegue la calma.

Cuando finalmente di ese paso, al poco tiempo ya sentí alivio porque a veces, aunque no lo sepamos, el duelo ya está hecho desde mucho antes de terminar. Lo último que nos faltaba para darnos cuenta era caminar un poquito hacia delante y dar el último paso.

Y te cuento todo esto porque te dije que yo también soy humana, también me he sentido vulnerable. Comenzar y cerrar ciclos es parte de la vida, las cosas no siempre van a funcionar, y eso está bien.

Cuando te comienzas a encontrar de nuevo

Al final, aprendí a estar conmigo misma, me sentí tan llena de vida y de muchísimo amor propio. Recuerdo que me emocionaba cuando escuchaba *Wake me Up*, de Avicii, y me ponía a bailar. Es una de mis favoritas, que justo acabo de colocar para recordar cómo me sentía. Quería darle la vuelta al mundo, me puse a estudiar francés, salí a conocer gente, y dos años después me mudé a otro país. Viví nuevas experiencias, aprendí a viajar sola, y lo hacía con mucha frecuencia, viví situaciones difíciles, pero todo lo que viví me hizo superarme. Por último, logré trabajar en lo que tanto amaba y me apasionaba, encontré mi propósito en ayudar a los demás. Y a pesar de que era difícil que me enamorara porque sabía que mi estancia en ese país sería transitoria, me enamoré de mi vida y de mis fuerzas de salir adelante. Definitivamente ahí te das cuenta de que sí, estás completa, y que puedes continuar y encontrarte de nuevo.

El duelo es como un árbol en otoño: ves caer tus hojas, una a una, y sientes que el invierno será eterno porque es realmente difícil de atravesar. Pero, aunque no lo notes, las raíces siguen vivas, esperando la primavera. Un día, sin previo aviso y sin apenas enterarte, brota una hoja nueva. Y aunque el árbol haya pasado por transformaciones, seguirá creciendo, porque, a pesar de todo, tú sigues creciendo.

Siempre, siempre existirá una forma de regresar a ti.

Si estás atravesando por una ruptura, haz una pausa y escribe lo que sientes, solo deja salir lo que necesitas decir en estos momentos. La escritura a mano te ayudará a desahogarte y a ordenar un poco las ideas.

Si no estás atravesando por una ruptura, relata cómo algún cierre en alguna situación que hiciste te impulsó a encontrar la fuerza en ti.

7
Decisiones conscientes en el amor

De pronto, una nueva ilusión… Dices: «Bueno, aquí vamos de nuevo. ¿Será que estoy mejor así? ¿Será que lo intento?». Da miedo, lo sé. Te preguntas si esta vez será diferente, si la persona que ahora ocupa tu mente sabrá cuidar el espacio que has venido cuidando tanto. Y esa duda no surge de la nada, es la forma en la que tu corazón y tu cerebrito intentan protegerse porque, sí, las rupturas y las relaciones también pueden dejar un trauma y tu cerebro busca distanciarse en lugar de conectar.

Pero, créeme, mereces continuar viviendo y respirando, solo que debes revisar y atender dónde ha dolido, conocer cuidadosamente a las personas, darte tu tiempo e ir a un ritmo en el que te sientas cómodo. No tienes que correr porque alguien más te pida que corras, sino que tú decides tu propio ritmo. Vive los momentos porque también es importante recordar que quienes te fallaron en el pasado no definen lo que otras te ofrecen en el presente. Cada historia es distinta, y cada persona también.

Ya no somos la misma persona de antes, ni estamos en esos mismos lugares, ahora tenemos más recursos, hemos aprendido lecciones del pasado y a cerrar capítulos, algunos de ellos desde el amor. Así que, aunque dé miedo, ve con cuidado y, si sientes que algo te está paralizando, presta atención, no lo dejes para después.

Pasar las páginas también es un recordatorio de que en la vida se pueden vivir nuevas historias. Y muchas veces los nuevos capítulos llegan también con nuevas personas.

Céntrate en elegir

Cuando era adolescente leía en las revistas estos artículos que decían: «Cómo enamorar a alguien», «Cómo seducir a una persona en estos cinco pasos», «Cómo ser irresistible para encontrar pareja». Ahora me pregunto, ¿por qué tenemos que centrarnos en que nos elijan?, ¿por qué no nos preocupamos en cambio por mirar realmente si nos gustan esas personas y si son adecuadas para nosotros? Que ya bastante mal la hemos pasado algunos porque no hemos elegido a la persona más adecuada y nos tiramos de cabeza pensando que vamos a andar por ahí cambiando a la gente algún día. **Deja de esperar a que te elijan y empieza a enfocarte en elegir tú.** El ser elegido no siempre depende de ti, pero lo que sí puedes manejar es quién quieres que esté a tu lado y que sea lo mejor para ti, ahora tú decides.

Haz una lista de lo que quieres en una persona

Elegir a una pareja es sin duda una de las decisiones más importantes en la vida, porque créeme que influye en casi todo: tu vida personal, tus amistades, tu familia, etc. Ese compañero o compañera va a estar apareciendo constantemente por ahí y acompañándote, así que es mejor que elijas a una buena persona para estar a tu lado.

Cuando no tienes una idea clara de lo que buscas o te gusta en una persona, **puedes cometer el error de no saber por qué la eliges y terminar en un espacio del que es mejor salir**. Entonces, lo primero, pregúntate: ¿qué buscas en una persona para compartir con ella tu vida? De acuerdo a como eres tú, tus gustos, preferencias, valores y lo que anhelas en un vínculo, ¿qué te gustaría?

Algunas preguntas que pueden guiarte para hacer esta lista:

- ¿Qué tipo de relación estás buscando? ¿Algo formal o informal?
- ¿Cuáles son los valores más importantes para ti en una persona? (Honestidad, lealtad, respeto, empatía, etc.)
- ¿Cómo te gustaría que esa persona manejara los desacuerdos o conflictos?
- ¿Es importante que disfruten hacer ciertas actividades juntos?
- ¿Es importante para ti que sea una persona social o prefieres a alguien más reservado?
- ¿Es importante que tenga metas y aspiraciones claras?

Te voy a ayudar en esta parte, te diré lo que yo buscaría. A mí me gustaría que tenga valores parecidos a los míos, que sepa comunicarse de manera abierta y sincera, porque sin una buena comunicación ni confianza es imposible construir ningún tipo de vínculo, da igual si es formal o informal, la comunicación siempre es necesaria para mantener una relación sana. Ahora es tu turno. ¿Qué te gustaría encontrar en alguien? Escríbelo a continuación.

Me gustaría que mi pareja fuese:

Tus negociables y tus no negociables

A medida que te vas conociendo te va resultando más fácil identificar los aspectos que serían negociables o no en una relación.

Los no negociables: aquellos comportamientos o cuestiones en los que no podrías ser tan flexible o no permitirías por nada del mundo.

Por ejemplo, para mí no son negociables la comunicación, el respeto ni el afecto. Necesito a una persona que se comunique, me respete y que me dé mucho cariño. Antes decía que me daba igual, pero luego me di cuenta de que sí necesito mucho cariño. Tampoco podría estar con una persona que no tenga sentido del humor. Esto no es algo malo, pero para mí no es negociable una persona que no tenga sentido del humor. No se trata de que nos comportemos como payasos todo el rato, hay momentos para la seriedad y momentos para el sentido del humor. Pero reírme mucho es parte de mí, disfruto mucho de la complicidad que te aporta el humor, y si eso no está prefiero pasar. Pero no fue hasta que me pasó, que lo supe; esto también te puede ayudar a ti a saber lo que no te gustaría, intentar recordar cuando algo no estaba en un vínculo y lo echaste de menos. Claro, cuando se lo contaba a mis amigas, a algunas no les parecía tan importante, y de eso se trata, no tiene que ser lo mismo para todos. Has de buscar lo que para ti sí es esencial, tú misma define lo que realmente te importa y hace que puedas ser tú al lado de otra persona.

Hay otro tipo de no negociables, esas banderas rojas que por nada del mundo permitirías ni pactarías. Me refiero a las cuestiones que meten ruido cuando descubres que te miente o te manipula, por ejemplo.

Estas son alguna *red flags* que no debes pasar por alto:

- Faltas de respeto.
- Que se enoje y te deje de contestar los mensajes por días.
- Que solo hable de sus cosas y a ti ni te pregunte sobre tu vida.
- Intenta evadir todo lo que tenga que ver con su parte emocional y relacional.
- Utiliza un lenguaje pasivo agresivo, como hacer bromas sarcásticas sobre ti que te molestan, por ejemplo: «Ja, ja, ja, eres cortita de mente, ¿no?».
- No muestra interés cuando le dices que algo te ha molestado o no te gusta.
- No es coherente con sus acciones, se compromete diciendo que hará algo importante y luego no lo cumple.
- Hay gritos, ofensas, empujones, maltrato físico o psicológico.

Cada bandera roja cuenta, así que no las pases por alto.

- ¿Qué comportamientos o actitudes no tolerarías en una relación?
- ¿Qué te ha pasado antes que ahora no aceptarías nunca más?

Por negociables me refiero a aquellos aspectos en los que estarías dispuesta a ser flexible; por ejemplo, que no haga actividades en la naturaleza, pero que esté dispuesto a acompañarme alguna vez es un negociable para mí. ¿Cuáles serían para ti? ¿Qué aspectos podrías negociar, aunque no sean tus favoritos?

Ten expectativas claras

Una persona cercana a mí andaba con ganas de tener una relación. Llevaba muchos años sin pareja, había vivido gran parte de su soltería y la había disfrutado, pero llegó un momento en que le apetecía más compartir con una pareja, hacer planes juntos, tener conversaciones profundas, conectar y construir un vínculo más íntimo y de compromiso.

Empezó a verse con chicos que no estaban ni cerca de querer eso, pero al no saber qué decir o cómo manejarlo ella asumía una posición de «vamos a ver qué pasa». Ya sabemos de qué va eso de «vamos a fluir y ver qué pasa» cuando se lleva un tiempo quedando y no hay un interés mutuo en que las cosas surjan, es decir, que la cosa no va muy bien. Las relaciones se dan porque las personas muestran interés en conocerse y compartir tiempo, y dejarlas fluir no permite que eso suceda. Si te implicas en una relación y la persona no está por la labor porque ya lo han hablado y te lo demuestra con sus acciones, quedarte esperando a ver si algún día se llegan a cumplir tus expectativas representaría un coste que debes analizar si quieres correr el riesgo de soportarlo.

Si sabes lo que buscas, hablar sobre lo que sientes siempre será importante. ¿Sabes por qué? Porque ahí te darás cuenta de si están en sintonía, si al menos están alineados a no cerrarse a una relación más adelante.

Dentro del vínculo se hablará de algunas expectativas, pero otras no estarán tan claras. Por ejemplo, en una relación monógama lo esperado es que no salgamos con otras personas, mientras que en una relación abierta no podemos esperar exclusividad. Cuando estamos conociéndonos a veces no se tiene tan claro cómo actuar, de modo que sería bueno preguntar qué implicaría seguir adelante, como continuar viendo a otras personas. Esto puede ser un buen ejemplo porque para algunos conocerse implica ver a otras personas, pero para otros no.

Cuando tenemos claro el tipo de vínculo en el que estamos es más fácil saber lo que puedes esperar o no, y por ende se te hará más fácil manejar lo que sientes en las relaciones. Pregúntate: «¿Qué quiero yo?». Y habla sobre lo que tú sientes y quieres, lo más importante es que te sientas cómodo en la pareja que estás formando y que cubra tus necesidades afectivas y emocionales, sea cual sea el tipo de vínculo.

Toma acción, habla lo que es importante y dale claridad a lo que necesitas saber. Los acuerdos siempre son importantes para asegurar que las dos partes vayan por el mismo camino y que nadie salga lastimado.

Cuidado con el envoltorio

A veces vemos a una persona superatractiva y nos enamoramos de una. Que sí, que sí, que es natural que, si vemos a una persona tan atractiva con una linda sonrisa y si, además, nos gusta lo que hace y su personalidad es interesante, sintamos que nos derretimos. Pero ¿realmente esto quiere decir que sea la persona correcta para un vínculo? Si pasas por una tienda y ves un producto, ¿lo vas a comprar sin saber su procedencia ni su contenido solo porque tiene buena pinta?

Lo mismo se aplica a las relaciones. A veces nos dejamos llevar porque alguien nos deslumbra, es supersociable y nos gusta lo que hace, y ya nos lo metemos en el corazón. Y las señales y banderas rojas están casi que haciéndonos señales de humo para que nos demos cuenta de que por ahí no es, pero pasamos de largo y después decimos: «¡Claro, ahí estaba! ¡La bandera roja que ignoré!». Ojo con esas banderas que pasas de largo.

La realidad de que te guste alguien o no es cómo te demuestre que se va a comportar contigo. Me explico, puede ser la persona más lista o la más atractiva, pero esa no será tu realidad, sino que es la realidad de esa persona con ella misma. En lo que tienes que fijarte es en cómo se conduce contigo y las cosas que quiere contigo.

Lo más importante es que sea compatible con lo que tú buscas, y cómo te trata es esencial. Que sea una buena pareja, que se comunique, que te respete, que le importes y te guste. Al final, ese es el peso que debe tener esa persona para ti. Si lo tiene todo, ¡bingo! Si no, hay que arremangarse y seguir buscando a una persona que reúna esos elementos y pueda ofrecer más que un físico atractivo y una personalidad interesante, puesto que las relaciones no se construyen a partir de eso.

Te dejaré unas preguntas por aquí que pueden ayudarte:

En lugar de: «¿Será que le gusto?», pregúntate: «¿Me gusta a mí? ¿Disfruto su compañía?».

En lugar de: «¿Qué puedo hacer para impresionarle?», pregúntate: «¿Estoy siendo yo mismo?».

«¿Me siento realmente a gusto con esta persona o estoy impresionada por lo que representa?».

«¿Siento que puedo ser yo mismo o estoy intentando impresionarle?».

«¿Sus valores y su forma de ser encajan con lo que busco a largo plazo?».

«¿Me trata bien? ¿Siento que me respeta?».

Construir una relación consciente de pareja

¿Cómo son las relaciones conscientes?

Ojalá nos hubiesen enseñado a relacionarnos de forma consciente y a gestionar nuestras emociones de la misma manera que nos enseñaron sobre historia y las tablas de multiplicar en la escuela. Nunca nadie nos habló sobre la libertad en una relación sana, sobre poner límites, sobre hacernos cargo de lo que nos correspondía. Sin duda alguna nos habrían facilitado las relaciones. Pero eso ahora no importa, lo importante es que ya lo sabes y que amar de forma sana puede estar ahora en ti como parte de tu evolución.

Ponte cómoda, te voy a contar la historia de Camila y de Martín. Se conocieron una tarde lluviosa en una librería. Camila hacía tiempo para que llegasen las cinco de la tarde y atender a su último paciente del día, deleitándose en uno de sus mayores placeres: hojear páginas de libros. Ver con qué frase comenzaba y terminaba cada autor le apasionaba y podía invertir en ello muchas horas de su tiempo. Buscando un libro que había leído en su adolescencia, *El mundo de Sofía*, escuchó una voz que le decía: «¡Es uno de mis favoritos!». Camila se giró y vio a un chico apuesto apoyado en la pared, le miró sonriente mientras se levantaba de la sección que estaba casi pegada al suelo y le contestó: «Así que la filosofía, ¿eh?». «*El mundo de Sofía* es un clásico», asintió Martín.

Entre risas, Camila decía convencida: «Lo sé, lo sé, venía por la edición especial para mi colección». Martín reía: «¿Así que eres una de esas chicas que pasan horas en las librerías? Te pillé». Camila con una mirada pícara y una sonrisa, respondió: «Me has pillado, soy culpable. ¿Tú que vienes a hacer por aquí?».

Martín, suspirando, contestó: «Pues verás, justo pasaba cerca, me dirigía al pasillo de autoayuda, mi abuela falleció hace un mes, y desde entonces no sé por qué, pero no he podido llorar». Camila se conmovió con la respuesta inesperada que escuchó y asintió con la cabeza, susurrando un «lo siento». Pero casi al mismo tiempo soltó: «¡Espera! Conozco a alguien que puede ayudarte». Sacó una pequeña tarjeta blanca y delgada de su bolso. Era un centro de terapia que dirigían unos amigos. Martín tomó la tarjeta, esbozó una pequeña sonrisa y le dijo: «Oye, Camila Hernández, ya que amablemente me has escuchado y me has ofrecido ayuda, ¿te parece si, como que no nos damos cuenta, me das por casualidad tu contacto para no tener que volver a venir mañana y mirar si estás por el suelo buscando libros? Me gustaría invitarte a tomar un café». Camila sonrió y aceptó la propuesta, le había parecido un chico muy interesante en ese primer contacto. Con el tiempo comenzaron a salir más seguido, se hicieron novios y después de unos años se casaron.

Ahora compartían un emprendimiento de salud, consultorios privados en donde atendían a sus pacientes. Camila era psiquiatra infantil y amaba la cocina, y Martín era traumatólogo y le encantaba el arte. Camila trabajaba en un hospital pediátrico por las mañanas y por las tardes atendía en consulta privada, y Martín atendía consulta por las mañanas y por las tardes operaba. Por las mañanas siempre compartían tiempo juntos, se levantaban muy temprano, desayunaban y hablaban sobre todo lo que tendrían que hacer durante el día. Ambos amaban su trabajo, pero siempre respetaban el tiempo juntos, solían hacer algún viaje de unos días (fueron a Chicago, donde Martín estudió y vivió por tantos años, y a Denver, donde Camila se especializó en sus estudios). Camila admiraba profundamente a Martín, le parecía que era un genio en su trabajo y constantemente se lo decía. Él por su parte admiraba la inteligencia, la vocación y el noble corazón de Camila; los dos sentían que habían encontrado a personas muy valiosas para sus vidas. Tenían un hogar armonioso que habían construido en Manhattan, de estilo industrial, pequeño, pero bastante cómodo y acogedor. Cuando llegaban a casa Martín muchas veces se iba a pintar o a escuchar música en su pequeño despacho y Camila hacia pilates en el salón. Luego se reunían para la cena y aprovechaban a ver una serie o película hasta quedarse dormidos usualmente en el sofá.

Un día Martín tuvo un problema en el trabajo. Camila, al escuchar su voz por teléfono, intuyó que algo estaba pasando y canceló las reuniones con sus pacientes, cosa que no solía hacer. Martín la esperaba en el apartamento con una mirada triste y perdida y un vaso de whisky en la mano, que tampoco era usual en él.

—Camila, has llegado pronto, pensé que tenías reuniones por la tarde.

—Hola, cariño, las tenía, pero las he cancelado al escuchar tu voz con un tono diferente. ¿Te encuentras bien?

—Ah, ¿sí?

—Sí, se te escuchaba distinto, no era el tono de cuando estás cansado. Me he preocupado, pensé que algo había ocurrido. ¿Está todo bien?

—Posiblemente me saquen de la directiva.

—¿Qué dices? Lo siento, amor, sé lo importante que es para ti y lo mucho que has luchado para estar ahí. ¿Qué ha pasado? ¿Quieres hablar sobre esto ahora?

—Pues que Rodrigo se irá y vendrán otros médicos, las plazas son pocas. Me extraña que te hayas dado cuenta de que me sucedía algo.

—Amor, te conozco desde hace tanto que me daría cuenta hasta por tu forma de respirar de que algo te pasa. Son quince años juntos…

—Quince años, ¡wow!

Martín reía haciendo uso del humor para huir un rato de la emoción incómoda que sentía.

—Sí, sí. ¡Imagínate! Qué aguante.

Camila reía también. Le seguía la corriente a su esposo porque sabía que se le estaba haciendo difícil hablar del tema. Martín miró a Camila esbozando una sonrisa. Colocó una mano sobre su pierna.

—Gracias por estar aquí.

Camila tomó su mano mientras se arrodillaba frente a él.

—Sabes que estamos juntos en todo, ¿no? Más nos vale que pensemos qué podemos hacer ahora con esas plazas, ya tendremos tiempo de averiguarlo. ¿Quieres que te prepare algo y cenemos juntos?

Martín asintió con la cabeza.

Camila no había aprendido otra cosa que no fuera ofrecer apoyo en situaciones difíciles. También sabía que Martín la necesitaba, así que canceló sus reuniones para estar con él. Lo que hizo Camila fue acompañarle en un momento de angustia.

Camila y Martín no eran una pareja perfecta, como muchas parejas habían enfrentado sus dificultades y también tenían sus diferencias, los dos eran tozudos, pero se amaban y respetaban profundamente. Tenían algo muy positivo: compartían tiempo de calidad juntos y mantenían una buena comunicación. Martín tenía una historia personal bastante significativa. Tendía a presentar un apego evitativo producto de relaciones traumáticas en el pasado y de una infidelidad de la cual le costó mucho recuperarse. Porque los traumas no se originan solo en la infancia, también se dan con otras personas cuando somos adultos y más en las que hemos sentido que volvemos a confiar.

Camila le comunicó un día que ella quería formar una relación sana y que si no podían comunicarse difícilmente lo lograrían, así que Martín, que realmente estaba interesado en Camila, aprendió a reconocer cuándo utilizaba estrategias para desactivar su sistema de apego y poco a poco logró recobrar la seguridad en la relación. Camila era otro personaje y pertenecía a otra historia. Martín, de vez en cuando, tiraba de estrategias de evasión a sus emociones para no mostrarse emocionalmente, pero no era como antes, en absoluto. Martín podía expresar mucho mejor sus necesidades y tolerar y recoger mejor las de su pareja.

Es posible que creamos que las relaciones sanas son perfectas, que los comienzos son idílicos, pero la verdad es que no es así. Muchas veces la realidad no es como en las películas, toca aprender con la práctica, pero enfocados en la meta a la que se quiera llegar. Como vemos, todos tenemos historias de relaciones muy distintas y todas han influido en cómo hemos aprendido a relacionarnos. Hemos pasado por situaciones difíciles en la infancia y en la adultez, hemos roto relaciones, nos han dejado o han fallado, y esto duele, de una u otra forma dejan huella en nosotros, pero eso no significa que esas heridas no puedan sanar o que no nos podamos relacionar de manera sana.

Cuando no atendemos nuestras heridas corremos el riesgo de seguir sangrando y, peor, salpicar al otro. Si te preguntas cómo es el amor consciente y maduro, no es aquel que es perfecto, donde no hay diferencias. Todos tenemos un mundo emocional distinto en nuestra cabecita, todos venimos con algo que hemos aprendido, algunos con más miedos e inseguridades que otros, eso sí. Pero el amor sano es aquel en el que decidimos hacernos cargo de lo que nos pasa para relacionarnos de forma saludable y ser adultos finalmente.

Lo que debe existir en las relaciones sanas

Acepta a la persona con la que estás

En una relación sana, es fundamental aceptar a la otra persona tal como es. Recuerdo que mi tío y mi tía eran muy diferentes en personalidad, mi tío hablaba con un tono de voz bajo y mi tía era demasiado espontánea, risueña y un poco escandalosa (por no decir bastante). Nunca se me va a olvidar las veces que mi tío la escuchaba tan tranquilo, y yo me preguntaba: «¿Cómo hace para no abrumarse?». Mi tío seguía esta parte del libreto, la dejaba ser quien era ella realmente. Mi tía era intensa, vivía la vida de forma muy apasionada, siempre estaba pendiente de los detalles, de hacer sentir bien a los demás y todo terminaba funcionando para ellos, a pesar de tener maneras de ser muy diferentes. Había cosas que tal vez no le gustaban a ella de él, y viceversa, pero lo que les gustaba les gustaba tanto que hacía que se amaran profundamente.

¿Sabes lo bonito que es estar con alguien y que ambos puedan mostrarse realmente como son? A veces queremos cambiar a las personas y que sean como nosotros queremos, y no, ese no es el plan. El plan es darle luz verde para que sea quien es realmente, sin temor a que se sienta juzgada.

Si no te gusta la esencia de tu pareja, ahí quien tiene un problema eres tú. Averigua primero si esa persona te gusta o si esto no afecta claramente a la relación. Hay una gran diferencia entre expresar lo que necesitas en una relación y querer modificar la personalidad o el carácter de alguien. Por ejemplo, decir: «Me gustaría que fueras más afectivo porque me hace sentir más cercana a ti» no es lo mismo que decir: «No me gusta cómo te vistes». Lo primero habla de una necesidad para construir la relación; lo segundo, de querer cambiar algo que es la esencia de la otra persona, como sus gustos, su personalidad o creencias.

Quien viene no tiene que pagar los platos rotos

Lo que nadie nos cuenta es que cuando entramos a una relación de pareja o formamos un vínculo, también salen a flote las heridas del pasado. No te creas que se nos olvidan, no, eso no es tan sencillo. De hecho, muchos miedos se activan porque a mayor intimidad y complejidad más nos mostramos como somos en lo más profundo, allá donde ni siquiera sabemos que tenemos cositas que mirar, cuando en algún momento dijimos: «Bueno, no pasó nada», y resulta que sí pasaba, algo nos hirió, nos quedamos con eso y sale cuando nuevamente estamos en una relación. Cuando tomamos conciencia de lo que sentimos y cómo reaccionamos, asumimos la responsabilidad de nuestras heridas. En lugar de culpar o proyectar en nuestra pareja lo que nos pertenece, podemos empezar por reconocerlo en nosotros para no llevarlo a nuestras relaciones.

Por ejemplo, en algún momento de mi vida comencé a mostrar actitudes más evitativas en las relaciones y el mostrarme vulnerable era algo que no me permitía con mucha facilidad. Mantener conversaciones incómodas era una odisea para mí y para la otra persona más, como si jugáramos al gato y al ratón. Me tenían que sacar las cosas con cuchara, porque si en el pasado te lastiman puede que te quedes con esa idea de las relaciones y busques protegerte mucho más. Pero, recuerda, cada historia es diferente y si nos sabotean en el camino tenemos que hacer algo con eso, no solo dejar que esas experiencias nos marquen para toda la vida.

A mí me tocó propiciar en algunos momentos esos es-

Decisiones conscientes en el amor   191

pacios que me costaban un mundo, tenía que respirar profundo para comenzar a tener conversaciones incómodas y brindarle más seguridad a las personas que estuviesen conmigo. Las heridas se entienden, pero no se justifican para abanderarnos con ellas junto a otras personas. Si de un día para otro nos volvimos medio evasivos o ansiosos, se entiende, pero no se justifica, ya que vamos a tener que ir cambiando, aunque sea poco a poco para poder relacionarnos desde un lugar más seguro.

No podemos poner culpas en donde no corresponden. Todas las relaciones comienzan con nosotros, porque si nosotros no queremos cambiar, nada cambia.

Protege a tu pareja: aquí es en donde te alejas de esa parte egoísta de pensar solo en ti para ofrecerle un ladito a la otra persona y preocuparte por su bienestar, así como le dejas un lado en el sofá y la arropas por la noche para protegerla del frío. En toda relación no solo debemos proteger a nuestra pareja de los desafíos externos, sino también de nuestra propia capacidad de herir, ya sea intencionadamente o sin querer.

Eso quiere decir que debemos prestar más atención a qué puede causar heridas, a no sacar a relucir asuntos que nos confió para utilizarlo en su contra. Cuando nos abrimos a la intimidad emocional, conocemos las debilidades y heridas del otro, y con ello, viene a nosotros la responsabilidad de cuidar esas partes con delicadeza. Cuando nuestra pareja siente que no le haríamos daño de manera intencional, comienza a relajarse, a abrirse más y a mostrarse tal como es. Es en ese momento cuando comenzamos a crear un espacio emocionalmente seguro y la confianza y el respeto crecen.

Ponte en su lugar: el término de responsabilidad afectiva se ha puesto de moda últimamente, pero la verdad es que, cuando nos hacemos responsables de cómo nuestra conducta impacta al otro, la relación mejora muchísimo.

Una forma es intentar ser lo más claros posible con respecto a nuestras emociones y sobre lo que sentimos. Es básicamente ponernos en su posición y preguntarnos: «Si esta persona actuara así, ¿yo qué pensaría? ¿Me confundiría su actitud? ¿Le diría algo al menos para que no se preocupe?».

- Estoy enfadado, solo dame espacio y te escribiré cuando me sienta mejor porque sé que mi actitud te puede confundir un poco.
- Hoy he asumido algo sobre nosotros, pero me parece justo que te lo comente porque puede que esté suponiendo cosas, y esto me puede predisponer contigo y no quiero.
- Perdona si te he hecho sentir mal, no fue mi intención. De ahora en adelante cuidaré mejor mi tono al hablarte o decirte las cosas. A veces siento que no lo digo con mala intención porque es mi forma de hablar, pero entiendo que tengo que cambiarla para no hacerte daño.

Compromiso y dedicación: hay personas que dicen que el amor fluye de forma espontánea y ya... Sí, claro, pero si no trabajamos la comunicación, la coherencia y el interés

Decisiones conscientes en el amor   193

mutuo... Evidentemente conectar es necesario, pero las bases de una relación se forman amasando el compromiso y la confianza, que se cocinan lento.

Últimamente vemos que muchas relaciones abandonan al mínimo esfuerzo o que trabajar la relación les supone demasiado. Esto viene dado por esta ola de que queremos todo para hoy y lo que representa mucho esfuerzo nos cuesta el doble. Las relaciones requieren de esfuerzos, a veces sacar tiempo para atender a nuestra pareja, a veces acompañar cuando no nos apetece, a veces hablar porque es necesario. ¿Cómo haces con todo lo demás? ¿Si tienes que ir al gimnasio, aprender algún idioma o presentarte a una oposición? Todo es cuestión de esfuerzo si te pones a ver.

Tenemos que sacar hueco, hacer espacio en nuestra vida para alguien más, esto quiere decir:

- Comprometerte a cuidar la relación (atención, afecto, interés).
- Comprometerte a tratar temas que sean incómodos (cosas que necesites de la relación, actitudes que no les gusten, poner límites).
- Comprometerte a cumplir con los valores de la relación (confianza, respeto, lealtad).
- Comprometerte a establecer acuerdos (proponer y respetar los acuerdos que se establezcan).

Piensa, por ejemplo, si para el bienestar de la relación y para que tu pareja se sienta más cómoda, esta te ha pedido más atención, ¿cómo podrías lograrlo?

- Preguntando más cómo le ha ido el día.
- Teniendo más comunicación, enviar algún mensaje o hacer alguna llamada.
- Mostrando más interés por sus cosas o preguntando si necesita algo.
- Siendo más atento a las conversaciones.
- Preguntando qué significa ser atento para que entiendas mejor lo que la otra persona necesita.

Comunica y pide lo que necesites: ya lo dijo Virginia Satir, experta en terapia familiar y experta en temas de comunicación. La comunicación es para la relación lo que la respiración es para el cuerpo, lo que no se dice no existe. Una comunicación abierta es lo que mantiene a flote la relación, sin ella simplemente no se podrían construir relaciones sanas.

Pedir lo que necesites de tu pareja es importante, si no, ¿cómo lo va a saber?, ¿por el método de la adivinación? A veces iniciamos ese baile en el que asumimos que los demás tienen que saber lo que necesitamos, y es posible que no lo sepan porque no son adivinos o pueden tener necesidades distintas.

Tu pareja no tiene que suponer nada, porque lo que es blanco para ella para ti puede ser negro, así que explícale con detalle, especifica, pide las cosas porque deseas que esa relación funcione. Si quieres que te regalen flores, pídelo; algunas personas no regalan flores, pero demuestran el amor de otras maneras, pero si tú quieres flores, pídeselas. Así comprenderá que te gusta y te hace sentir feliz. Además, ¿qué pierdes con decirlo?

- Me gustaría que en algún momento me regalases flores, me gustan muchísimo y me encantaría que tuvieras ese detalle.

Límites y conversaciones incómodas, sí, pero ¿cómo?

Cuando los límites y las conversaciones incómodas se encuadran en un contexto de respeto y buena acogida, la dinámica de escuchar las necesidades del otro se va volviendo más sencilla. Según se colocan sobre la mesa es cada vez más fácil conversar sobre asuntos como estos:

- Últimamente siento que hemos estado compartiendo poco tiempo juntos, ¿tú también lo has sentido? ¿Cómo crees que podríamos resolverlo?
- Me gustaría hablar sobre nuestras finanzas, últimamente se está destinando el dinero para compras que no son tan prioritarias y esto nos podría traer problemas a futuro. ¿Tienes tiempo ahora para ver qué opinas?
- Me gustaría que, cuando tengamos desacuerdos, me escucharas sin interrumpir ni invalidar lo que siento. Necesito sentir que mis opiniones son valoradas y, cuando me interrumpes, siento que no es así.
- Es importante para mí tener tiempo para mí mismo, ya sea para estar con amigos o para mis hobbies. Me gustaría que ambos tuviésemos nuestro espacio personal, y últimamente siento que esto te molesta, qui-

siera que conversáramos sobre esto para ver cómo podemos resolverlo.

- Siento que yo tomo la iniciativa en la mayoría de las cosas que hacemos como pareja. Me gustaría que ambos trabajáramos por igual para que la relación funcione y nadie sienta que está haciendo de más.

Escucha, realmente escucha

Cada uno tiene su propio mundo emocional, y si de verdad queremos entender lo que la otra persona piensa o siente, nos va a tocar salir un poquito de nuestra cabecita. Sí, existen otras formas de ver las situaciones, no existe solo tu manera de verlas, así que cambia el canal por un rato.

Escuchar tampoco es esperar impaciente a tu turno para hablar o responder, y sabrá Dios qué estará diciendo la otra persona; también es hacer el esfuerzo por intentar entender de dónde viene lo que la otra persona piensa o por qué ha llegado a esa conclusión. Se trata de crear un espacio seguro donde ambos puedan expresarse y sentirse escuchados de verdad. En el auto, por ejemplo, esto no es posible, porque es muy difícil hablar si estamos concentrados en otras cosas. Es fundamental estar realmente atentos y presentes en la conversación. Además, se pierde la conexión real de mirarse frente a frente, conectándose con los gestos y la mirada.

Lucha de egos: claro que esta parte no es tan fácil, porque muchas veces nos vemos atravesados por nuestra lucha de egos. Puede ser que le digas a tu pareja: «Estoy molesto, te escribiré cuando se me pase, pero quería enviarte un mensaje porque sé que a veces me cierro y mi actitud puede confundirte», y la otra persona te conteste: «Ah, a mí me da igual, ¡haz lo que quieras!».

Estas cosas hay que hablarlas, es la forma de ir ablandando esos muros y barreras gigantes que solemos ponernos y que dificultan las relaciones. A la lucha del ego en busca del poder tenemos que dejarla un poco de lado, aunque cueste (porque sé que cuesta), pero la verdad es que no ayuda en nada. Y estoy segura de que no quieres tener una relación así, sino una relación sana. Entonces es clave valorar el esfuerzo de la otra persona por explicarse y viceversa.

Pensar en la estabilidad de la relación es enviar un mensaje: «Aunque esté enfadado ahora, te escribiré cuando se me pase para conversar», y luego reconocer el esfuerzo: «Te agradezco que pienses en mí a pesar de que estés enfadado en este momento». Verás cómo al principio cuesta ablandar ese muro, pero luego se va volviendo más flexible, luego se convertirá en una dinámica que sale casi de forma automática.

Cuando tiendes al estilo de apego evitativo

Es muy probable que sientas que puedes solo con todo y que no puedes pedir ayuda a tu pareja. Quizá en algún momento te acostumbraste a ser autosuficiente y no te quedó de otra. Haz una pausa y piensa. Está bien contar con el apoyo de ella, es una forma de relacionarse más segura que sentirte siempre solo dentro del vínculo.

Comienza poco a poco hablando sobre temas íntimos con el objetivo de ir rompiendo con esa evitación a la cercanía emocional, sobre todo cuando haya discusiones o conversaciones incómodas. Cuando te sientas abrumado, comparte con tu pareja lo que sientes sin tratar de tapar: «Me estoy agobiando. Me voy a dar una vuelta. Cuando vuelva, hablamos». Esto hará saber a tu pareja que todo estará bien, solo que necesitas tiempo.

Cuando tiendes al estilo de apego ansioso

En el apego ansioso surge una idea central: «Se va a ir». Muchas actitudes se interpretarán de esta forma. Asegúrate primero de que tienes una relación segura con esa persona. Luego pregúntate por qué viene esto. ¿Ha sido porque no te ha escrito? ¿Porque lo sentiste distante? ¿Cómo se relaciona tu pareja? ¿Es siempre igual o surge porque sientes inseguridad? Piensa en las veces que te ha demostrado cariño.

Por lo general, en este tipo de apego se siente una ansiedad por comprobar constantemente si la persona te ha escrito o te responde de inmediato. Una buena forma de enfrentarnos a esto sería dejar el teléfono de lado, tener un móvil para el trabajo y otro para uso personal. Ve a dar una vuelta, ve al gimnasio, lee un libro en el parque, visita una librería nueva, respira, haz yoga... La idea es ir trabajando poco a poco en el distanciamiento de esa acción y reemplazando el estado ansioso por actividades agradables que te ayuden a bajar un poco la ansiedad que sientes en los vínculos.

Decisiones conscientes en el amor   199

Compartir valores: los valores se van creando y moldeando en la relación. Así como un día decides ser más empático porque la empatía es un valor que quieres tener en tu vida, y les preguntas a tus amigos cómo se sienten, escuchas más a las personas, te interesas más por el bienestar de los demás, de igual modo comienzas a trabajar los valores en pareja. Puede ser que un valor que tu pareja y tu quieran trabajar sea el respeto; lo primero es concluir qué significa para ustedes el respeto en la relación y qué actitudes podrían fomentarlo.

Por ejemplo:

- Sentimos que nos respetamos cuando no nos interrumpimos mientras estamos hablando de algo importante.
- Sentimos que nos respetamos cuando, a pesar de que no estemos de acuerdo, validamos nuestra opinión.
- Sentimos que nos respetamos cuando nos comprometemos a tener acuerdos y hacemos lo posible por que se cumplan y demostramos que esto nos importa.
- Sentimos que nos respetamos cuando no nos hacemos bromas que sabemos que no nos gustaban y respetamos los límites de cada uno.

Un ejercicio que pueden hacer es preguntarse qué significan para ustedes los valores como el respeto, la honestidad, la empatía, la atención. E ir por cada uno de ellos y escribir las acciones que les llevarían a que estén presentes en la relación. He nombrado algunos valores importantes, pero tú y tu pareja pueden hablar sobre los que sean más importantes para ustedes.

Compartir proyectos vitales: las personas pueden ser diferentes, pero no pueden diferir en lo que es importante para la relación. Puede ser que tengan distintos gustos musicales o preferencias a la hora de vestir, y eso no supone un problema. Pero hay asuntos en los que sí se debe estar de acuerdo.

Por ejemplo, las metas y los planes. Si sueñas con una familia y la otra persona no quiere ni compartir espacio, mucho menos hijos, ahí hay un problema serio, porque no están caminando juntos hacia el mismo lugar. Por más que el amor sea fuerte (y sí, puede ser muy fuerte), aquí es donde nos damos cuenta de que, como hemos hablado en muchas oportunidades en este libro, el amor no es suficiente, necesita mucho más.

Valida, celebra y acompaña: ¿a quién no le gusta sentirse reconocido? A ti, a mí, a todos. Siempre nos va a gustar que alguien nos admire un poquito y nos los haga saber, que, si estamos trabajando para un gran proyecto y lo presentamos, nos aplaudan y reconozcan nuestro esfuerzo: «¡¡Qué bien, cariño!! Lo has hecho muy bien, me he sentido orgulloso de ti». O que nos digan: «¡Eres un crack!» y sientan nuestros logros como suyos. Cuando nos dan este apoyo nos hacen sentir vistos e importantes, mejora el compañerismo en la relación, además de que fomentamos la admiración.

Aprende a discutir mejor: por alguna razón pensamos que discutir o tener diferencias es malo. Es lógico que en todo no podemos estar de acuerdo. Existirán cuestiones que no serán importantes y otras que sí. Sin embargo, si se hace desde el respeto, discutir no es negativo, al contrario, es realista y permite expresar cómo nos sentimos para alcanzar acuerdos:

- Concreta el motivo de la discusión, qué es lo que te inquieta, qué quieres que la otra persona haga o a qué acuerdos podrían llegar. Puedes escribirlo incluso para tenerlo más claro a la hora de conversarlo y no hacer una conversación superexhaustiva del tema o dar muchas vueltas a lo mismo.
- Intenta escuchar y ver cuál es su posición, haz preguntas si necesitas comprender mejor su punto.
- Cuando discutan, no lo hagan en el auto o mientras alguno prepara la cena o ve la tele. Háganlo cuando puedan mirarse a los ojos. Esto es necesario para no perder la conexión y estar presentes durante la discusión.
- Reconoce las emociones en tu cuerpo, si sientes agitación, respiración acelerada, utiliza la respiración profunda para volver a la calma y retornar a la conversación con un tono más tranquilo.
- Si sientes que no puedes regularte, utiliza la técnica de tiempo fuera, que consiste en salirte del lugar, por ejemplo, irte al salón si están discutiendo en la habitación y pedirle que te dé unos minutos. Esto es mucho mejor que decir algo de lo que luego te arrepentirás.
- Lleguen a acuerdos para solventar el problema.

Supongamos, que tú y tu pareja están teniendo discusiones por la limpieza en el hogar, tú eres más organizada y tu pareja no tanto, una forma de llegar a un acuerdo sería: preguntarse con cuál tarea se sentiría más cómodo cada uno, para realizarlas y así repartirlas. Así se llegará a un acuerdo en donde ambos tengan más claro lo que tienen que hacer, esto al final facilitará la convivencia y ambos se podrán sentir más cómodos en la relación.

Reparar tras un conflicto: como puede que a veces no lo hagamos tan bien como esperamos, porque la verdad es que somos humanos y nos podemos equivocar, estas son formas de retomar la conversación.

- Siento no haber prestado atención a lo que era importante para ti.
- ¿Te parece si conversamos y esta vez nos escuchamos mejor?
- No me gusta discutir contigo, ¿te parece si hablamos mejor?
- Dime cuando estes listo para conversar, sé que encontraremos la forma de resolverlo, te quiero.

Las parejas no son 50-50

Suena bonito, pero no. Todos sabemos que hay días en los que los dos no estarán al mismo nivel de energía, y eso es normal. Por ejemplo, puede que hayan tenido una semana pesada y llega el sábado, y tu pareja quiere hablar sobre algo

Decisiones conscientes en el amor

importante y tú, honestamente, no tienes ni una gota de energía emocional para esa conversación. Así que puedes decir algo como: «Hoy estoy agotada, pero me importa mucho lo que tienes que decir. ¿Te parece que lo hablemos mañana?», o «¿Crees que podamos esperar hasta mañana si no es tan urgente lo que tenemos que hablar?». De este modo das espacio para que la conversación se dé en un momento en el que puedas estar más presente. O al revés, quizá sea tu pareja quien no está al cien por cien, y seas tú quien espere al día siguiente para conversar.

Admiración

Para mí una de las cosas más importantes en una relación es la admiración, porque es imposible amar a alguien si no le admiras, si no te parece interesante, si no admiras sus cualidades o valores. En terapia muchas veces preguntaba a las parejas por qué habían elegido a la persona que estaba a su lado, y muchos se quedaban callados. No creo que fuera porque en todos los casos no se admiraban, sino que no se habían detenido a pensar en esto. Aunque no todo depende de nosotros, sino más de lo que sentimos hacia esa persona, sí podemos hacernos estas preguntas: ¿Qué te gusta de esa persona? ¿Por qué sientes una profunda admiración por ella? ¿Hay algo que le salga superbién? ¿Qué gestos o actitudes te gustan? ¿Qué valores admiras? ¿Por qué eliges a esta persona para que te acompañe?

Mantener la pasión

La pasión abarca muchos aspectos, pero en concreto me refiero a cómo querer cuidar la relación. Como dice Erich

Fromm en su libro *El arte de amar*, el amor requiere de mucha práctica, al igual que se practica un deporte o un instrumento musical. Necesitamos querer conocer a nuestra pareja, interesarnos por lo que hace, comprometernos con el bienestar de la relación, compartir tiempo de calidad juntos, innovar, hacer planes diferentes, preparar sorpresas, hacer cosas que le gusten o que nos gusten a los dos.

Ten tu espacio y cuídalo

Estar pegados todo el tiempo puede terminar siendo asfixiante. Que sí, que es bonito pasar tiempo juntos, ¡de las cosas más maravillosas que hay! Pero ¿sabes qué es bonito también? Pasar el tiempo contigo, disfrutar de una buena lectura, tomarte un café con tu mejor amiga, ir a clases de piano, ir de paseo con tu mamá y pasar tiempo de calidad madre e hija… Estos son espacios que no se pueden perder del todo por tener una pareja, puedes amarle con el corazón y también disfrutar de tus momentos con personas significativas y contigo haciendo lo que te gusta.

Querer estar bien en una relación no es olvidarte de ti, no es sacar todo el dinero del banco y dárselo a alguien. Hay que estar dispuesto a dar mucho, sí, muchísimo, y con todo el corazón, pero necesitas ahorros para sobrevivir por cualquier cosa. La pareja no puede ser nuestro único mundo o lo único que nos guste hacer.

Cuando descubres que puedes estar bien contigo mismo, que te gusta tu vida, también empiezas a respetar y valorar el espacio personal de la otra persona. Ya no idealizas el amor ni te aferras por necesidad, y esto es sano.

Bueno, hemos venido hablando un buen rato de las relaciones, de aquello que nos ayuda a identificar las buenas de las malas. El tipo de relaciones que buscamos comienzan con nosotros, nos hacemos una lista de cosas que queremos encontrar en alguien como si fuésemos al mercado, pero nosotros ¿qué? Para lograr aspirar a cosas buenas en una pareja también nosotros tenemos que saber: qué ofrecemos y qué estamos dispuestos a dar.

¿Tú sabes qué quieres y qué puedes ofrecer en una relación? ¿Te elegirías como pareja? ¿Qué puntuación te pondrías del 1 al 10? Según lo que hemos visto, ¿qué crees que aún necesitas mejorar para construir una buena relación?

_____

_____

_____

_____

_____

_____

_____

_____

_____

_____

_____

8
Tú y la felicidad

El camino de la felicidad

> La felicidad no es una estación a la que se llega, sino una forma de viajar.
>
> FRANZ KAFKA

¿Te has dado cuenta? A ninguno de nosotros nos dieron una clase de felicidad. Ya sé que este libro parece ser casi un manual escolar, pero bastante falta que nos ha hecho. Nos ha tocado a cada uno entender como buenamente hemos podido qué significa eso de «ser feliz». Y, bueno, hemos aprendido con el pasar de los años que no es algo que cae del cielo, tampoco se planea y sale siempre como uno quisiera, ojalá, pero no.

Siempre nos repiten esta frase: «Si no eres feliz ahora, no lo serás luego». Y yo honestamente te confieso que no la entendía, me decía que en muchos momentos no eres feliz, porque, seamos claros, a veces la felicidad simplemente no llega. No todo sale como lo planeamos, y la vida tiene una habilidad impresionante para tirarnos cosas que no esperábamos. ¿Y qué haces con eso? Hay días de enojo, decepción, incertidumbre, y también días en los que te sientes completamente perdido. Cierto, no todo son risas y arcoíris, pero también te das cuenta de que esos días malos también son pasajeros.

Me gusta entender la felicidad como si fuese un camino y tú un viajero que a veces se pierde en el camino y otras veces encuentra paisajes increíbles. Hay días donde todo se siente gris, como si caminaras en medio del barro, con lluvia, el ánimo por los suelos y sin ver ni un rayo de sol. Pero esos días también nos enseñan a apreciar los momentos de calma con otros ojos y a valorar cuando el cielo luce despejado. Y poco a poco entendemos que incluso los días grises son solo un tramo más del viaje.

En un momento de mi vida, yo misma llegué a un punto en el que estaba agotada de preocuparme por lo que no podía cambiar. Tal vez pienses que no sé lo que es el dolor, pero la verdad es que es un lugar al que he ido unas cuantas veces. Pasé por tantas pérdidas de todo tipo que me dije: «Bueno, parece que mi vida se va a tratar de elaborar duelos a cada rato». Estoy muy clara que a veces en la vida no nos salen las mejores cartas para jugar, y a veces tenemos que hacer la partida con lo que nos toca. Así que, en lugar de enfocarme en lo que ya no dependía de mí, decidí construir una felicidad más sencilla y menos idealizada con lo que sí podía. Empecé a disfrutar de las pequeñas cosas que hoy en día me parecen las más valiosas: viajar a ver a mis sobrinos cada vez que puedo y disfrutar de sus abrazos infinitos, ir a la montaña, conocer personas genuinas que sean las correctas para mi vida, vivir en coherencia con mis valores, hacer lo que me apasiona. Cuando vivimos en consonancia con la persona que queremos cultivar en nosotros, con esa persona que a pesar de las dificultades aprende a estar con ella y gozar de esos pequeños instantes, generamos un estado de paz y armonía con nosotros mismos que no es efímero.

En algún momento esta frase me llamó mucho la atención: «Buscar la serenidad me parece una ambición más razonable que buscar la felicidad, y quizá la serenidad sea también un tipo de felicidad». Esto es lo que quiero proponerte en el próximo capítulo: una felicidad más realista y menos idealizada, que te permita soltar lo que no depende de ti y conectar contigo y con las cosas que realmente importan.

Vivir en coherencia con tus valores

Vivir en coherencia con nuestros valores es vivir un estilo de vida en profunda conexión con quienes somos y lo que necesitamos. Son nuestros valores los que nos empujan a seguir adelante, a pesar de todo. Nos motivan, sacan fuerzas de donde no pensábamos que teníamos y nos guían cuando estamos perdidos, cuando buscamos darle sentido a nuestra vida, al igual que cuando sentimos que tenemos un propósito. Encontrar lo que realmente es valioso para nosotros y actuar en coherencia con ello es lo que nos lleva a nuestra realización personal.

Puede que alguna vez te toque un trabajo que no te guste, simplemente porque no hay otras opciones viables en estos momentos. Se trata de una etapa, un instante de tu vida, no significa tu vida entera. Tu valor de valentía y perseverancia te harán luchar, aceptar ese trabajo y mantenerte de pie para transitar esa etapa de tu vida.

Nuestros valores responden a una necesidad que va mucho más allá. Muchas veces nos conectan con algo superior, por ejemplo, con el amor que sentimos en casa y con las lecciones importantes que aprendimos cuando éramos pequeños, es decir, nuestros valores familiares, los valores que nos inculcaron acerca del trabajo o nuestros propios valores personales, que con el tiempo hemos ido agregando a nuestra lista.

Los valores nos guían hacia el sentido que queremos darle a nuestra vida. Si somos capaces de definirlos, será más fácil que no nos perdamos en el camino.

¿Alguna vez has tenido esa sensación de que tu vida no va a ningún lado, como si estuvieras dando vueltas sin rumbo? Algo así le sucedió a Pedro. Él era un hombre apasionado por la vida, por su familia y por el trabajo. Llevaba separado de su esposa dos años y tenía una hija llamada Miranda. Cuando se separó, cayó en un estado depresivo del que le costó salir; sin embargo, al tiempo pudo levantarse y destinó sus esfuerzos a sacar adelante su empresa, y le funcionó tan bien que creció a nivel profesional, dejó de pensar en su exesposa y comenzó una nueva etapa en su vida. Dedicaba todo su tiempo a crear grandes proyectos.

Ver cómo esa empresa crecía le hacía sentirse orgulloso de sí mismo y de sus capacidades, y no era para menos, era un hombre brillante y había formado un equipo que en verdad se colocaba la camiseta de la empresa en todo lo que hiciese falta.

Sin embargo, Pedro se sentía solo y vacío nuevamente. Apenas tenía tiempo para cuidar de Miranda. Según el acuerdo de custodia compartida, pasaba con él una semana de todo el mes. Intentaba ser un buen padre, pero la mayor parte del tiempo estaba al teléfono o en alguna reunión. Cuando Miranda se marchaba a casa de su madre, Pedro la pasaba fatal. Rápidamente comprendí que en realidad no pasaba tiempo de calidad con su hija y esto le estaba atormentando. Sin embargo, cuando le pedí que me describiera los ratos con Miranda, vi que tenía tantas tareas que atender que esto le imposibilitaba tener una conexión en tiempo real y genuina con su hija. Su cuerpo manifestaba su tristeza y pasaba luego noches en vela. Así que le animé a que hiciese cosas que le ayudaran a conectar fuera de su trabajo y pasar más tiempo con Miranda, y también con otras áreas de su vida que le parecían importantes.

Eso hizo, se tomó el ejercicio de reflexionar sobre ello, y se dio cuenta de que estaba dejando de lado sus valores familiares y parte de sus valores personales. Se puso manos a la obra. Se las arregló para organizarse mejor con el trabajo y equilibrar su vida. Pedro se levantaba, le preparaba el desayuno, la dejaba en clase y en este tiempo él podía manejar mejor su agenda para compaginar el trabajo y el tiempo con su hija. Almorzaban juntos en casa y

Tú y la felicidad 211

luego la llevaba a la escuela. Ahora la niña no se quedaba hasta las seis de la tarde, sino hasta las cinco, con lo que tenían dos horas más ganadas del día, la del almuerzo y la de la tarde.

La estrategia de Pedro para dejar de pensar en su separación le había ayudado a superar la relación y encontrar una nueva vida, pero ahora ya no era necesario que sumara todo su tiempo a entretenerse en no pensar, sino a delegar funciones para estar presente en el ahora y tener tiempo para él mismo y para su hija, que, en realidad le llenaba mucho. Ahora Pedro estaba mucho más presente, había retomado sus valores familiares, disfrutaba del amor, cariño, brindaba atención, ansiaba volver a verla y pasan la semana juntos. Tanto es así que Miranda quería hablar con su papá todas las noches, aunque solo fuera para saludarlo y preguntarle cómo le había ido en el día, y ella contarle sobre su día.

La relación de Pedro y Miranda se fortaleció tanto que Pedro no volvió a saber sobre aquellas noches en vela. También comenzó a reconectar con la escritura, que era otra de sus grandes pasiones, ayudaba en una fundación los sábados y poco a poco fue llenado su vida y conectándose con sus valores. A diferencia de lo que muchos de nosotros creemos, la vida no tiene un sentido como tal, nosotros somos los que nos encargamos de dárselo cuando comenzamos a poner en práctica lo que nos llena, como: nuestros valores, la conexión con los demás, nuestras pasiones y propósitos. Siempre procurando mantener un equilibrio en las áreas importantes de nuestra vida.

Te voy a mostrar una lista de valores que te pueden dar más o menos una idea de cuáles son los valores comunes y humanos para que puedas encontrar los tuyos.

- Aceptación/autoaceptación: aceptarme a mí mismo, a los demás, a la vida.
- Amabilidad: ser amable, amigable o agradable con los demás.
- Amor: actuar con amor o cariño hacia mí mismo o hacia otros.
- Apoyo: ser solidario, útil y estar disponible para mí o los demás.
- Asertividad: defender respetuosamente mis derechos y solicitar lo que quiero.
- Autenticidad: ser genuino y real, ser fiel a mí mismo.
- Aventura: ser aventurero, explorar activamente experiencias novedosas o estimulantes.
- Compasión/autocompasión: actuar amablemente conmigo mismo y con quienes sufren dolor.
- Compromiso: participar plenamente en lo que estoy haciendo.
- Confianza: ser leal, fiel sincero y fiable.
- Contribución y generosidad: contribuir, dar, ayudar, apoyar o compartir.
- Cooperación: ser colaborativo y cooperativo con los demás.
- Creatividad: ser creativo e innovador.
- Cuidado/autocuidado: ser cuidadoso conmigo mismo, con los demás, con el medio ambiente, etc.

- Curiosidad: ser curioso, de mente abierta e interesado, explorar y descubrir.
- Diligencia: ser laborioso, trabajador y dedicado.
- Diversión y humor: buscar, crear y participar en actos y actividades llenas de diversión.
- Equidad y justicia: ser justo conmigo mismo y con los demás.
- Flexibilidad: ajustarme y adaptarme a las circunstancias cambiantes.
- Gratitud: agradecerme, apreciarme a mí mismo, a los demás y a la vida.
- Honestidad: ser sincero conmigo y con los demás.
- Intimidad: abrirme, revelarme y compartirme emocional y físicamente.
- Libertad e independencia: elegir cómo vivir.
- Orden: ser ordenado y organizado.
- Perdón/autoperdón: ser indulgente conmigo mismo y con los demás.
- Persistencia y compromiso: continuar con resolución a pesar de las dificultades.
- Respeto/autoestima: tratarme con cuidado y consideración.
- Responsabilidad: ser responsable de mis acciones.
- Seguridad y protección: asegurar, proteger o garantizar mi propia seguridad o la de los demás.
- Valentía: tener valor, ser persistente ante el miedo, la amenaza o la dificultad.

Escribe aquí los valores con los que te identificas y llévalos a diferentes áreas de tu vida: personal, laboral, familiar, pareja. ¿Qué valores deseas construir en cada una de estas áreas? Señala acciones claras para hacerlo, por ejemplo, si quieres cultivar en ti el valor de la empatía en tus relaciones, ponte tareas: expresa más las cosas buenas que veas en los demás, llama o escribe más a tus amigos, escucha más cuando te cuenten historias personales. Y así ve con cada valor que desees trabajar en ti.

La autocompasión

Nos imaginamos que esta palabra tiene que ver con sentir lástima o pena por nosotros mismos, pero nada más lejos de la realidad. Significa que, en lugar de quedarnos lamentándonos siempre, nos preguntemos qué necesitamos y cómo podemos ayudarnos.

Se trata de analizar, con amabilidad, lo que estamos pasando para entendernos y brindarnos apoyo. Dicen que la autocompasión es aquella que llega a abrazarte cuando la autoestima se va, es esa voz que te dice: «Tranquila, lo hiciste lo mejor que pudiste con lo que tenías. Y eso está bien».

Todos pasamos por momentos dolorosos y difíciles; por eso es necesario que seamos amables con nosotros mismos. Kristin Neff, una de las investigadoras más importantes sobre la autocompasión, propone tres bloques fundamentales:

- Amabilidad hacia uno mismo.
- Mindfulness.
- Humanidad compartida.

Amabilidad hacia uno mismo

Cuando te enfrentes a momentos difíciles o cometas errores, piensa en lo que le dirías a un buen amigo en la misma situación. Te pongo un ejemplo. Imagina que tú eres una buena amiga y acudes a ti porque estás atravesando una situación difícil. Has discutido fuertemente con otro amigo y necesitas tu apoyo ahora. ¿Qué consejo que le darías? ¿Qué amiga te gustaría ser contigo? Tienes dos opciones:

La que cuando te equivocas te dice: «¡Ay, qué tonta eres! ¡Contigo siempre todo mal!». (si eliges esta, te lo vas a poner bastante difícil, ya te digo).

O bien puedes optar por la amiga amable que te escucha. Un «Te escucho» o «Estoy aquí para ti, vamos a caminar un rato para que reflexiones y te puedas sentir un poco mejor. Seguramente te has equivocado, pero eso no quiere decir que actuaras con mala intención y no estés dispuesta a reparar el daño, es de valientes reconocer los errores, y tú lo estás haciendo».

¿Qué te parece esta amiga? ¿Te cae mejor? Estás utilizando palabras de consuelo y apoyo en lugar de criticarte y hacerte sentir peor. Ojo, no se trata de decirnos que no la embarramos o no nos equivocamos, sino de ser amables con nosotros a pesar de que hayamos fallado, porque automachacarnos y quedarnos ahí no nos ayuda en nada. Esto es lo que yo hago cuando necesito tiempo para reflexionar y hablar conmigo y, créeme que la diferencia la vas a notar cuando recurres continuamente a esa voz más amable para contigo.

En lugar de criticarte, date permiso para ser humana, porque fallos créeme cometemos todos. Te aseguro que es de lo más liberador que puedes hacer por ti misma. La próxima vez que algo no salga como esperabas, en lugar de culparte, respira y dite: «Estoy aquí conmigo y estoy tratando de comprenderme, lo estoy haciendo lo mejor que puedo». Cuando decides tratarte con la misma ternura que ofreces a los demás, la vida se vuelve un mucho más llevadera.

Practica la gratitud contigo

Agradece tus pequeños y grandes esfuerzos, y las cosas buenas que te han pasado.

- Haber tenido esa conversación incómoda que tanto trabajo te costaba y al final fuiste valiente.
- Presentar un trabajo o examen que estaba dificilísimo para ti.

- Tener un rato agradable disfrutando de ti.
- Agradecer pasar tiempo con tu familia y tus seres queridos.
- Agradecer cuando descansas.

Mindfulness

Mi interés por la meditación comenzó hace muchos años. Me encantaba escuchar a grandes exponedores hablando sobre la meditación; confieso que me llegó a sembrar bastante curiosidad al respecto. Cuando decidí investigar por mi cuenta, descubrí que había numerosos estudios que científicamente hablaban muy bien sobre la atención plena. Por ejemplo, se había demostrado que el cerebro de los monjes budistas, tras años de practicar la meditación, mostraba un menor envejecimiento neuronal e incluso más resistencia al dolor. Así que, con el tiempo, además de practicarla, me especialicé en terapias psicológicas que integran el mindfulness. Fui viendo como poco a poco mis pacientes comenzaban a conectar mucho mejor con sus emociones y se encontraban con mayor apertura para manejar los momentos difíciles en su vida.

¿Cómo puedes comenzar a practicar la meditación?

Encuentra un espacio tranquilo, que esté libre de ruidos y de distracciones. Elige un lugar cómodo en donde puedas sentarte; puede ser en una silla, tu cama o incluso puedes sentarte en el suelo y apoyarte encima de un cojín. Deja que tu espalda se alinee suavemente y, si te sientes cómodo, cierra los ojos; si no, enfoca la mirada hacia un punto fijo.

Ahora lleva la atención a tu respiración. Siente cómo el aire entra por tus fosas nasales, se expande hacia tu pecho y luego se libera suavemente al exhalar. No fuerces nada, no te apresures, solo intenta hacerlo como si observaras por primera vez tu forma natural de respirar. Hazlo varias veces.

En este punto puede ser que se aparezca algún pensamiento, por ejemplo, una tarea pendiente o si has dejado la luz encendida, o si has escuchado tu móvil. Si esto ocurre vuelve tu atención a la respiración. Es totalmente natural que te sobrevengan pensamientos, meditar no implica sacar esos pensamientos de tu cabeza, sino que fortalezcas la capacidad de volver a poner tu atención en la respiración una y otra vez, hasta que termine el ejercicio.

Practica este ejercicio con disciplina tres o cuatro veces por semana, o todos los días, como te sientas cómodo. Y poco a poco verás que te mantienes más en el momento presente y te concentras mejor en tu respiración. E incluso notarás que tendrás mayor manejo de tus emociones y mayor conexión con el presente, aunque no te encuentres haciendo el ejercicio en ese preciso momento.

Los beneficios de la meditación a largo plazo son demasiados como para no intentarlo. Si deseas continuar, te recomiendo explorar también meditaciones guiadas enfocadas en la autocompasión, una forma maravillosa de conectarte contigo mismo desde la amabilidad.

Humanidad compartida

A veces tenemos que recordarnos que no estamos solos en momentos difíciles. Todos los seres humanos pasamos por dificultades, cometemos errores y nos caemos, lo que pasa es que casi siempre decimos que estamos bien porque nos cuesta reconocer nuestra vulnerabilidad. Pero ¿no te pasa que ves una historia de alguien más que lo está pasando mal y eso te lleva a sentir compasión y a ver también tu realidad desde otra perspectiva?

Es lo que sentimos cuando reconocemos que no estamos solos en muchos momentos difíciles, que los demás también pueden estar ahí y esto hace que observemos el dolor como parte natural también de la vida.

Una persona cercana a mí recientemente tuvo una perdida, lamentablemente falleció su bebé de muy pocos meses cuando estaba en su barriga, esto claramente la hizo sentir muy triste. Ella me decía de este tipo de duelos se habla muy poco, pero se animó a compartir su experiencia con personas cercanas que pasaron por esta situación y esto le ayudó mucho en este proceso tan difícil. El ver cómo otras personas también habían vivido esa situación y cómo hicieron para enfrentarse hizo que ella también pudiese sentirse contenida y apoyada. La conexión emocional con otros nos ofrece un espacio sanador.

Busca un grupo de apoyo en donde puedas compartir tus experiencias y conectar con personas que hayan vivido situaciones similares, o puedes también ayudar a otras a enfrentar dificultades. Esto te brinda mucha calma y contención en momentos difíciles, y recuerda que no estamos solos, simplemente tenemos que abrirnos a contar nuestra historia y a escuchar las de los demás.

No necesitas un grupo de apoyo formal para sentir alivio. A veces, simplemente hablar con alguien de confianza hace la diferencia. Compartir nuestras historias nos hace sentir menos solos, porque, de una forma u otra, todos hemos pasado por momentos difíciles. Y al final, poner en palabras lo que llevamos dentro y compartirlo con alguien que lo entiende siempre reconforta.

Encontrar tu propósito

Uno de mis libros favoritos y que más recomiendo leer se llama *El hombre en busca de sentido*, de Viktor Frankl, una de las personas que más he admirado por su fortaleza y lo que fue capaz de construir tras haber pasado años como esclavo en campos de concentración en Alemania. Salió de ahí para fundar un enfoque terapéutico llamado logoterapia. Encontró que su propósito vida era ayudar a los demás desde sus conocimientos.

Nuestros propósitos nos hacen los días más fáciles, porque, como te dije antes, la felicidad no es ausencia de dolor, porque la vida no es inherente a él, como tampoco podemos controlarlo. Sin embargo, sí podemos aprender a sobrellevarlo mejor y a darle más sentido a nuestras vidas para considerarnos más plenos.

¿Te has preguntado qué te gustaría hacer a ti? ¿En qué puedes ayudar a los demás o qué podrías dar? ¿Qué propósito ves en lo que ya haces y podría hacerte sentir más pleno?

No siempre tenemos claridad sobre nuestro propósito, y está bien. No tenemos que encontrarlo de golpe ni compararlo con el de otros. A veces, simplemente está en esas cosas que hacemos sin darnos cuenta: cuando escuchamos a un amigo sin juzgarlo, cuando preparamos una comida para alguien y sentimos alegría al compartirla, cuando con estos actos nos sentimos mejores personas.

Agradece: si no tienes el hábito puede ser que te cueste en un principio, pero verás cómo a medida que lo mantengas a diario va a ser mucho más fácil que muestres agradecimiento. Tu cerebro simplemente se acostumbra a agradecer en modo automático. Agradecerás el alimento que ingieres, pasar tiempo de calidad con personas cercanas a ti y haber vivido otra experiencia, un aprendizaje nuevo, un viaje que anhelabas desde hacía mucho. En definitiva, enseñamos al cerebro a crear pensamientos que nos ayuden a generar más bienestar, y eso es gratis.

Anota cada día tres cosas por las que te sientes agradecido. Te paso algunas cosas que yo agradezco para que te sirvan de guía:

- Despertarme cada día.
- Poder tomar el desayuno tranquila sin prisa.
- Disfrutar de lo que hago.
- Cuando mis pacientes pueden resolver sus dificultades y me lo cuentan.
- Cuando paso tiempo de calidad con las personas que quiero.
- Conocer personas buenas.

- Caminar y disfrutar de la naturaleza.
- Poder acostarme temprano.
- Poder viajar a ver a mi familia con frecuencia.
- Dedicarme a cosas que me gusten mucho.
- Tener piernas que me permitan caminar y poder entrenar.
- Disfrutar de la música, de ir a un concierto.
- Conocer otras culturas.

Hormonas de la felicidad

Las hormonas de la felicidad son sustancias químicas que nuestro cuerpo produce y que influyen en nuestro estado de ánimo, sensación de placer y bienestar.

Serotonina: la hormona mediadora del bienestar
- Mantén una alimentación equilibrada.
- Prioriza el descanso.
- Haz actividades al aire libre.
- Haz actividades que te relajen.
- Evita alimentos muy procesados y con muchos azúcares.

Oxitocina: la hormona de los abrazos y el apego
- Mantén contacto físico.
- Abraza a tu mascota.
- Ten un acto de bondad.
- Medita.
- Agradece.

- Permítete llorar.
- Busca pertenecer a algo.
- Realiza cumplidos y permítete recibirlos.
- Haz pequeños obsequios.
- Escucha a los demás y que te escuchen.

Dopamina: la hormona de la motivación

- Haz cosas nuevas.
- Practica ejercicio físico.
- Duerme temprano.
- Come alimentos saludables y que te den energía, como el plátano.
- Exponte unos minutos al sol.
- Da paseos al aire libre.
- Rodéate de personas que te inspiren.
- Medita.
- Escucha música.
- Agradece.

Endorfinas: las hormonas analgésicas

- Come un trozo de chocolate.
- Haz ejercicios.
- Ríe a carcajadas.
- Escribe o pinta, practica alguna actividad recreativa.
- Ve series de comedia.
- Toma una ducha de agua fría.
- Ríete con amigos.

Tengo un último mensaje sobre la felicidad

Mientras lo escribo acabo de colocar una canción que me gusta muchísimo, *Freeze*, de Kygo. La escuché recientemente en su concierto y desde entonces no me la he podido sacar de la cabeza. Y justo mi último mensaje tiene que ver con el título de esta canción, y es que congeles el instante. Guárdalo en ti, muy cerca del corazón. Llena tu vida de abrazos largos, de risas, de momentos que te enciendan por dentro, de conciertos que disfrutes, ama lo que te apasione, no te guardes las cosas, haz cumplidos y no te olvides de incluir más de lo que te hace feliz, aunque parezca pequeño, tú hazlo.

La vida no siempre será un paseo por un campo de flores, y eso lo sabemos. Pero lo que sí podemos hacer es aprender a disfrutar de cada momento y a vivirlo con intensidad.

Aprende a disfrutar de los momentos, a saborearlos, a vivirlos de verdad. Y cuando mires atrás, que tu memoria esté llena de situaciones que te hicieron sentir más vivo que nunca. Ese es mi mensaje: vive, ama y congela lo mejor en ti porque eso será parte de tu felicidad.

Vivir el momento presente

Para comenzar a conectar con el momento presente, solo hace falta que te detengas un par de minutos y pienses a qué dedicas tu tiempo y en aquello con lo que realmente te gustaría conectar. Empieza con cosas pequeñas, pasar tiempo con seres queridos y amigos sin usar el móvil, reír alto, disfrutar de una melodía, quedarte mirando un atardecer, respirar el aire fresco, el olor del café o cualquier aroma que te guste. ¿Te has preguntado cuáles son tus olores favoritos? ¿Qué olor te recuerda una experiencia agradable? ¿Cuáles son las cosas simples que más disfrutas?

- Cuando te duches, deja caer el agua sobre la piel y observa lo que sientes: la temperatura, cómo resbala sobre tu piel, la sensación de frescura que te produce.
- Cuando salgas a caminar, respira el aire fresco, mira a tu alrededor, los colores, las personas, el paisaje.
- Cuando vayas a degustar un plato, saborea, tómate unos minutos e intenta descubrir los ingredientes que contiene.
- Observa los espacios a tu alrededor, los colores, las formas, los cuadros, las vitrinas.
- Cuando compartas con tus seres cercanos, estate ahí con ellos, escúchalos con atención, observa sus gestos, hazles preguntas, interésate por saber cómo están, cómo se sienten, qué les gusta hacer.

Escribe una lista de las cosas que te hacen feliz, por muy pequeñas que sean y ten esta lista a mano para recordarte cuando necesites acudir a alguna de ellas.

_____

_____

Tú y la felicidad   227

9
Tu nueva historia

Tu autoestima

Hemos visto que la autoestima comienza a moldearse en nuestra infancia, ahora veamos de qué manera podemos seguir nutriéndola y fortaleciéndola. La autoestima es como un músculo, tenemos que trabajarla continuamente, porque de lo contrario se puede debilitar.

Aprende a escuchar tu cuerpo y tus emociones: escucha cuando tu cuerpo expresa que se siente cómodo o incómodo en alguna situación. Cuando por alguna razón te dice que por ahí no es, significa que hay cosas que no quieres hacer porque no te sientan bien o te incomodan. Presta atención, como si pasaras un escáner por tu cuerpo y detectaras una sensación, pregúntate si es agradable o no y a qué se debe.

Puedes comenzar a conectar con tu cuerpo mediante los ejercicios que vimos antes. También intenta reconocer de forma consciente todo lo que tu cuerpo hace por ti, puedes incluso demostrárselo con gestos, como masajear tu mano con la otra, o masajear tu pierna y reconocer el esfuerzo que hacen por ti de hacer actividades diarias, como levantarte, caminar y hacer ejercicio.

Aprende a respetarte: actúa en coherencia con lo que realmente necesitas. Te dejo estas preguntas para que te las hagas:

- ¿Qué es lo que realmente deseo en este momento?
- ¿Hago eso porque realmente me satisface o porque estoy complaciendo a los demás y eso me pone en una encrucijada conmigo mismo?
- ¿Estoy actuando según lo que quiero o según lo que otros esperan de mí?
- ¿De qué decisiones sobre mí me enorgullezco más y puedo continuar tomando?
- ¿Qué partes de mí mismo he descuidado y necesito cuidar mejor?
- ¿En dónde necesito poner límites?

Aprende a decir no: cuando no quieras hacer algo concreto, no digas que sí, porque tu cuerpo y tu mente percibirán que te alejas de tus propios límites y poco a poco te vas desconectando de ti. Ponerte límites significa reconocer tu valor y actuar en coherencia con él. Además, si siempre pones en primer plano a los demás, ¿dónde quedas tú?

- Decir no cuando algo no resuena contigo.
- Priorizar tu descanso.

- No tomar más trabajo del que no debas tomar.
- Poner límites si no te gusta cómo te hablan o te tratan.

Con la madurez y la experiencia nos vamos haciendo más responsables y conocedores de quiénes somos y cómo deseamos comportarnos. Cuando era joven, por ejemplo, si insistían en que me quedara de fiesta, terminaba cediendo para no ser «la aguafiestas del grupo». Ahora me importa muy poco si soy la aburrida.

Cuando salgo con mis amigas, me encanta disfrutar de su compañía, reírnos juntas y pasar un buen rato, pero sé que hay cosas que no me funcionan. No soy de las que se quedan hasta altas horas de la madrugada, salen todos los fines de semana o beben sin medida, de hecho, nunca lo fui, disfruto más de un paseo, un concierto o una rica cena. Así que me pongo límites porque sé que, si no, me acuesto a las tantas horas de la madrugada.

Al final esos «no» se convierten en un «sí» para ti. Cuando te digas al día siguiente: «Qué bueno que no me quedé hasta tarde, me siento superdescansada, puedo idear otro plan que me apetezca o me llene más, irme a la montaña, salir fuera de la ciudad o reunirme con alguien para comer y pasar tiempo de calidad», eso es un «sí». Claramente que tú puedes tener tus propios límites, no tienen que ser iguales a los míos, pero es una manera de que te cuestiones qué vendría siendo un «sí» para ti, cuando dices «no».

Incluye la palabra «disciplina» en tu vocabulario: la disciplina no es fácil trabajarla. No se trata de hacer una cosa un día y pasar de ella luego, sino de mantenerla como rutina, aunque nos cueste, pero merece la pena practicarla. Cuando la practicas, estás enviándote un mensaje de: «Tengo prioridades y soy importante». Cuando hacemos las cosas que decimos que haremos, refuerzas en tu interior esa capacidad de creer y confiar en ti, porque te estás demostrando que sí puedes lograr lo que te dices que harás.

Ser disciplinado no tiene que ver con ser hiperexigente contigo, sino de dar valor al compromiso que adquieres contigo. Por ejemplo: decir que vas a leer todos los días, aunque solo sean quince minutos, apagas la tele y dejas el móvil de lado para concentrarte en la lectura, como dijiste qué harías, es un movimiento en avance hacia construir disciplina y una mejor autoestima.

Ser disciplinado también te permite ser flexible, pero es clave que la mayor parte del tiempo sepas que cumples los compromisos que has acordado contigo mismo, o al menos esa es la disciplina que yo reconozco desde el autocuidado:

- Reservar tiempo para practicar actividades que te conecten contigo.
- Levantarte por la mañana porque quieres rendir mejor en tus actividades.
- Comer de forma saludable para cuidarte.
- Practicar la lectura u otro hábito.
- Ponerte fechas para compartir con tus seres queridos.
- Hacer ejercicios porque quieres cuidarte.
- Organizar tu habitación y tu agenda.

Muéstrate vulnerable: el gran secreto de la vulnerabilidad es que, lejos de hacernos sentir débiles, nos fortalece, porque somos capaces de aceptarnos con nuestras luces y nuestras sombras. Esto llega cuando aceptas la persona que realmente eres y puedes mostrarte ante los demás. No es cuestión de ventilar tu intimidad a cualquier persona, también tenemos que ser cuidadosos con a quién revelamos más de lo que queremos que se sepa sobre nuestra vida personal. Cuando nos mostramos como somos también podemos construir relaciones más significativas, que no se construyen si llevamos una careta encima. Si no, piensa en las relaciones más profundas que has tenido: surgen después de que se compartan momentos importantes, se ayuden o se revelen detalles importantes de la vida.

Reconoce tu esfuerzo: haz un esfuerzo consciente para reconocer lo que haces bien, aunque sea pequeño. Cuando lees como dijiste qué harías, cuando cocinas un postre para tu familia… Reconoce tu esfuerzo y tu intención en hacerlo.

Aquí tienes algunos ejemplos de pequeños logros que, aunque parezcan sencillos, pueden tener un gran impacto en tu bienestar. Te animo a hacer un diario y escribir tres pequeños logros como estos todos los días.

- Levantarte temprano y aprovechar mejor el día.
- Hacer ejercicio.
- Leer algunas páginas de un libro.
- Meditar o tomar un momento de reflexión para ti mismo.

- Decir «no» a algo que no quieres hacer, respetando tus límites.
- Terminar un proyecto pequeño.
- Hacer una pequeña reparación en casa.
- Tomarte un descanso consciente y desconectarte por un rato.
- Aprender algo nuevo, como una habilidad o dato interesante.
- Ayudar a alguien, ya sea con un consejo, una llamada o un gesto amable.
- Mantenerte organizado: hacer una lista de tareas o planificar tu semana.

Permítete fallar y perdonarte: en alguna ocasión no tomarás las mejores decisiones, ni llevarás el orden perfecto de todas las cosas que quisieras que sucedieran en tu vida. Tomarás decisiones que tal vez no sean las más acertadas porque en ese momento pensabas distinto o no contabas con los recursos para hacerlo de otro modo. Cuando esto pase sé amable contigo y, en lugar de juzgarte, intenta comprender el origen de tus decisiones y, en el caso de que descubras que hay una parcela que debes mejorar, hazlo. Esto te acercará a ver las cosas con mayor madurez y aceptación. Pero sí te digo que en algún momento vamos a fallar, somos humanos, y hoy tenemos un aprendizaje, pero mañana tendremos otro. Así que acepta que estás en constante evolución y crecimiento, dale un lugar distinto a la culpa y permite que te deje libre para avanzar.

Rodéate de personas con las que conectes: a veces vas a tener que irte de lugares que no te hacen bien o ya no resuenan con tu esencia. No son solo lugares en donde te tratan mal, sino también algunos en los que sentimos que hemos cumplido un ciclo en la vida de esas personas. Puede que hayan cambiado o que hayamos cambiado nosotras, y ya no compartamos los mismos intereses. Pregúntate si puedes ser tú en esos lugares, si te están tratando bien, si esas relaciones te están dando paz, o si por el contrario no dejas de repetirte que no encajas ahí.

No te pongas expectativas tan altas: la alta autoexigencia es una trampa, como sacarse una licencia para tener una vida infeliz. Te terminas creyendo que nunca es suficiente, así que permítete descansar, priorizar tu descanso, mantener el equilibrio en tu vida, a veces trabajar de más te aleja mucho de lo que en el fondo pueda hacerte feliz.

Recuerdo aquí lo que tengo que decirme a mí misma y también les pregunto a mis pacientes. ¿Quién eres después de las seis de la tarde cuando termina tu jornada laboral? ¿Continúas siendo esa persona que trabaja y trabaja? ¿Tu rol es ese siempre o es que puedes desempeñar otros roles en tu vida? A veces tienes que recordarte que es tu vida, pero que debes establecer reglas que sean sanas para encontrar el equilibrio.

Háblate con cariño y ten autocompasión: sé tú la persona que se habla como la persona correcta en su vida, que se da palabras de aliento y de apoyo, y que a veces, cuando nota que se habla mal, puede rectificar como lo haría con otro ser humano y preguntarse: «¿Por qué me estoy diciendo esto? Tal vez lo que hice o cómo actué no fue la mejor manera, pero no pude hacerlo de otro modo en ese momento, y ya aprenderé otra forma mejor de hacerlo».

Tu maleta: imagina que vas a un viaje. ¿Qué te llevarías en la maleta para entretenerte? Puede ser un libro, clases de algún tipo, una raqueta para jugar, un balón de fútbol, un traje de baño para practicar natación, un lápiz y un cuaderno para escribir y reflexionar, películas que te gusten. La clave está en que cuanto más nos autodescubramos y veamos cómo disfrutamos con nosotros mismos, nos sentiremos más a gusto para pasar tiempo personal. ¿Qué llevarías en tu maleta?

Cuídate: cuidar tu bienestar físico, mental y emocional es una señal de que te valoras. Esto puede incluir descansar lo suficiente, comer de manera equilibrada, hacer ejercicio o dedicar tiempo para relajarte y hacer actividades que disfrutes. Hablarte con amabilidad, tratarte bien y ponerte límites. Todo lo que hablamos en los primeros capítulos sobre el autocuidado, incluyendo las relaciones con los demás.

Pide ayuda: pide ayuda, recuerda que no vivimos solos en el mundo. Aunque vivamos en una sociedad que empodera el hacer todo solos como signo de fortaleza, la verdad es que no podemos con todo, hasta los animales están acostumbrados a vivir en manadas y ayudarse cuando lo necesitan. Solicitar ayuda también es cuidarnos a nosotros mismos y dejar que nos cuiden. Aceptar los elogios nos ayuda asimismo a fortalecer nuestra autoestima y a no sentir que no somos suficientes o que estamos desconectados de los demás.

Cuando te toca actuar porque no tienes ni idea de cómo ser ese personaje. Encuentra la inspiración

Tal vez pienses que me he sentido muy segura al escribir este libro, pero la verdad es que no ha sido así. Hace años recibí algunos emails de editoriales en los que me hacían esta propuesta, y yo, en lugar de sentirme feliz, tenía mucho miedo, no me lo podía creer, no me sentía a la altura. Se me formó como un susto en la boca del estómago, de repente salían todas mis inseguridades como un volcán a punto de estallar. Pensaba que ser escritora era algo muy grande y que yo no estaba preparada ni lista para ello. Dudé en aceptar la propuesta muchas veces, pero también me dije: «A ver, si ahora no es el momento, entonces ¿cuándo sí lo es?».

A veces el momento perfecto para estar preparados nunca llega porque hay que crearlo, y eso fue lo que entendí. Así que me dije que crearía el personaje de escritora y que me convertiría en el personaje principal de mi historia. Me levanté del sofá, me preparé mi taza de té, como todas las mañanas, me paré enfrente del espejo y me dije: «Bueno… ¿qué haría una escritora en este momento?». Me vestí, me recogí el cabello con torpeza y así me fui a recorrer las librerías de Madrid, que hay muchas por toda la ciudad y además todas tienen un aspecto peculiar, desde las más antiguas a las más modernas. Me impregné nuevamente de ese ambiente que tanto me apasiona y me causa tanta ilusión. Mientras caminaba por las calles me imaginaba a esas protagonistas de películas que, en algún momento, sus personajes habían ocupado el lugar de escritoras famosas. Al día siguiente tuve reunión con mi editora, que me explicó todo con mucha ilusión. Me trató muy bien desde el momento uno, y ahí fue cuando de verdad comencé a creer que yo era ese personaje, que sí podía escribir y ser yo detrás de estas líneas.

Esto no es algo nuevo para mí, he interpretado a muchos personajes en mi historia. Siempre que no sabía hacer algo o no estaba preparada pensaba en cómo actuaría esa versión de mí que quería hacer esto. ¿Cómo actuaría esa parte de mí que quiere llegar ahí?

Busca a alguien que te inspire, tal vez tú estás ahí, dispuesta a dar tu mejor espectáculo y ni siquiera lo sabes. No necesitas estar lista, a veces es cuestión de actuar como si ya fueses esa persona que quieres ser y el papel que decides interpretar. Si mañana comienzas un trabajo nuevo, si tienes un evento importante, empiezas un emprendimiento; fíjate en alguien que te inspire y observa cómo lo hace.

¿Cómo es la persona que quisieras ser?

Tú historia no tiene que ser perfecta, ni mucho menos. No tienes que ser una mejor versión de ti, porque a veces no podremos; basta con que seas esa persona que te llena y de la cual puedas decir: «Esta persona ha hecho lo mejor con lo que ha podido y con sus circunstancias». En definitiva, que sientas orgullo de ti.

Las experiencias que has vivido, con sus tropiezos, con sus momentos duros y con sus momentos bonitos, son esas páginas que rellenan tu libro. Cierra los ojos y piensa por un momento en cuántos aprendizajes has tenido, con cuántos personajes te has encontrado en tu historia, comenzando por tu infancia hasta la edad que tienes ahora. Quizá algunos capítulos han sido más fáciles de leer que otros, y otros tal vez los habrías escrito de otra forma, porque, aunque no podamos borrarlos del todo, sí podemos reescribirlos de otra manera.

- Visualiza a la persona que deseas ser y cómo se comportaría. ¿Cómo te gustaría actuar para sentirte mejor contigo misma?
- Visualízala, comportándose con ella misma, con los demás, qué tono de voz le gustaría utilizar, cómo son sus gestos.
- ¿Cuándo se molesta? ¿Cómo reaccionaría?
- ¿Cómo serían esas personas con las que te gustaría rodearte? ¿Son personas amables? ¿Aventureras? ¿Calmadas? ¿Practican algún deporte? ¿Tienen alguna ficción?
- ¿Qué tipo de valores te gustaría sembrar en ti y encontrar en los demás?
- ¿De qué te sientes orgulloso ahora y de qué te gustaría sentirte orgulloso en el futuro?
- ¿Qué te hace sentir plenitud?

- ¿Como se comportaría esa persona ante las injusticias?
- ¿Cuál sería su propósito?
- ¿Cómo es ahora su concepto del amor y la amistad?

Siempre volvemos a comenzar

Siempre volvemos a comenzar. Si bien unos capítulos se cierran, también dejan espacio para que otros capítulos se comiencen a escribir desde otro lugar, un lugar de mayor comprensión y crecimiento. Algunos cambios no solo implican el dolor de la pérdida, nos permiten asimismo profundizar en quienes hemos sido y quienes somos, y nos llevan a mirar hacia dentro, hacia lugares en donde nunca nos habíamos detenido a mirar.

Mónica había pasado por momentos muy duros, había perdido a su mamá de cáncer unos tres años atrás y había dejado su matrimonio. Tuvo una buena relación con quien fue su pareja desde la universidad, pero en algún punto, tras pensarlo mucho, llegaron a la conclusión de que lo mejor era dejarlo. Se habían casado muy jóvenes sin estar del todo seguros de dar ese paso y con el tiempo se dieron cuenta de que no era lo que querían. Así que Mónica estaba ahí, en esa enorme ciudad tejiendo una nueva historia, como muchas más que se tejen sin darnos cuenta. ¿Quién era ella sin esa pareja? No recordaba muchas cosas de esa persona, ¿qué le gustaba hacer a solas? ¿Qué le gustaría intentar ahora? ¿Por dónde comenzaría? Ahora le tocaría mirar a la persona que veía en el espejo.

En ese proceso, decidió mudarse, en las vísperas de Año

Nuevo, a un apartamento pequeño pero acogedor, cercano al centro, la ubicación era ideal. En unos meses, Laura, su mejor amiga de la escuela, viajaría para quedarse con ella durante todo el verano. Mientras organizaba las cajas, en su apartamento nuevo con olor a pintura fresca, sintió que era el momento de llamar a sus amigas para que le echaran una mano.

Aquella tarde, entre risas, desempacando y hablando de todo un poco con sus amigas, una de ellas sacó de una caja una especie de tablero lleno de fotos y frases. «¿Qué es esto?», preguntó una de ellas con mucha curiosidad. «Es mi tablero de visión», explicó Mónica. «Lo hago todos los años para visualizar mis metas y sueños. Pones cosas que quieres alcanzar y lo ves todos los días para recordarte lo que deseas lograr». «¡Nunca he hecho uno!», dijo su amiga, y otra amiga: «¡Yo también lo hago! Pinterest tiene muchas ideas si quieres intentarlo. Nuestro querido cerebrito trabaja continuamente, sin que lo notemos». «Así que como nuestra atención es selectiva tenemos que darle material para que trabaje mejor, ¿no?», concluyó una de sus amigas mientras sonreía.

Mónica asentía con la cabeza, a la vez que le venía una sensación extraña al colocar la vajilla en un estante de la cocina muy diferente a donde solía estar.

Sus amigas encontraron un álbum de recuerdos de su infancia. Se rieron de cómo eran en la escuela y de que se ponían las faldas casi hasta a la altura de los tobillos, como si fueran unas monjas. «Creo que no nos quedó nada de eso», soltó una de ellas, y todas se echaron a reír a carcajadas. Después de pasar la tarde entre risas, cajas y recuerdos, las amigas decidieron que era hora de volver a sus casas. Se abrazaron largo rato en la puerta mientras Mónica les agradecía con los ojos aguados el enorme esfuerzo de estar ahí con ella. Una amiga le dijo: «¡No seas tonta! Para eso estamos, y ya verás que cuando todo esté acabado en el piso, va a sentirse como un hogar de verdad».

Al subir a su apartamento, Mónica miró a su alrededor mientras cerraba la puerta. Se quedó apoyada suspirando. Aunque aún quedaban cajas por abrir, el lugar ya no se sentía tan caótico como por la mañana. Sus amigas habían acomodado unos cojines en el sofá, la lámpara que lograron encontrar entre las cajas proyectaba una luz tenue que hacía acogedor el espacio. Se sentó junto a la chimenea, abrazándose las rodillas, y dijo para sí misma con una sonrisa: «Bueno, al menos ahora hay mucho más espacio».

A su lado, dentro de una caja abierta había un montón de cosas que aún no había decidido dónde guardar: álbumes de fotos, cartas sueltas y pequeños recuerdos de su vida pasada. Mónica tomó uno de los álbumes y lo abrió despacio. Había fotos de todos los momentos que habían marcado su vida. Su infancia, con sus padres, fotos con toda su familia, en la escuela, en la fiesta de disfraces de la escuela, con sus mejores amigas en la piscina, fotos de graduaciones, y sí, también las fotos de su ex que se veían relucientes.

Algunas fotos le arrancaron una sonrisa. Otras le provocaron un nudo en la garganta. Pero, por primera vez en mucho tiempo, no sintió el impulso de apartarlas. Había aprendido a mirar esos recuerdos sin que la consumieran, a aceptarlos como parte de su historia, no como una sombra que definía su presente.

De alguna manera, este proceso de cerrar capítulos le estaba permitiendo entenderse a sí misma de formas que nunca había imaginado. Los momentos difíciles de la separación la empujaban a recordar su infancia, esas raíces que creía olvidadas, y a entender por qué todas esas experiencias influían de cierta manera en cómo se comportaba y relacionaba con los demás. Miraba las fotos de esa niña y pensó que ahora reconocía esos miedos que a veces aparecían, con sus inseguridades, sus heridas y también con sus momentos de felicidad.

Ahí estaba Mónica en medio de esas cajas, con su apartamento menos caótico que antes, al igual que su vida, comenzando a tener más sentido, viendo diferentes fotos, diferentes etapas vividas, diferentes recuerdos, como capítulos de su libro, como si de alguna manera todo aquello la llevara a comprender que la aceptación de lo que había experimentado todos esos años también la ayudaba a definir la persona que era.

Así que Mónica comenzó a conectar con esa fuerza de sentirse ella. Miraba a su alrededor y veía su *vision board*, e identificó las cosas que aún quería para su vida en el siguiente año. Ansiaba abrazar a su papá, a sus hermanas y sobrinas para las fiestas de Año Nuevo, dejando atrás el pasado y recibiendo lo que estaba por llegar. Miraba a lo lejos las luces de Navidad que se veían a través de la ventana del salón como si fuesen una hermosa postal de colores.

Echar de menos es parte del proceso de vivir, un signo de que algo o alguien tuvo un impacto profundo en nuestra historia. Aunque muchas cosas se terminen no todo está terminado; algunas personas dejan de estar presentes física-

Tu nueva historia   243

mente, pero permanecen con nosotros de otras formas: recuerdos, lecciones y momentos sumamente especiales, los evocamos en nuestras risas y memorias. Otros dejan de caminar a nuestro lado, pero agradecemos que en algún momento fueron parte de nuestras vidas.

Lo que termina y fue bueno no borra lo vivido, lo que se da con amor, se queda en nosotros. Lo transforma en un capítulo que nos acompaña mientras seguimos escribiendo el resto de nuestra historia. Y siempre, sin importar cuántas veces pase, volvemos a empezar.

Y ahora tú decides

En la vida muchas veces volveremos a comenzar: un nuevo trabajo, un nuevo país, un nuevo amor, o la decisión de empezar otra vez con nosotros mismos. No siempre lo entendemos al instante, hay momentos en los que parece que estamos dando vueltas en círculos, repitiendo lo mismo. Sin embargo, y aunque el cambio se sienta como una pérdida, muchas veces nos ayuda a crecer.

La relación que tienes contigo es la más importante que tendrás a lo largo de tu vida. A pesar de las dificultades en las que te hayas podido encontrar, recuerda que tenemos un margen de maniobra. ¿Cómo no tratarte con amor y respeto si solo tú has conocido tu verdadera historia? Piensa en esos instantes en los que sacaste fuerzas de donde parecía que no tenías y cómo eso te conectó con tu verdadera esencia. Puede ser que creas que hay personas cuyos capítulos han sido mejores que los tuyos, y puede que te encuentres personas con las que sientas que sus capítulos han sido muy muy difíciles, e incluso más que los tuyos. No importa, no te castigues por nada porque nadie tiene la culpa de haber tenido la vida que ha tenido, ni tú tampoco, y te mereces soltar el pasado para comenzar a vivir el presente. Ya verás que, a medida que pongas en práctica todo esto que hemos venido hablando, notarás que tu mundo irá cambiando. Y ese cambio será el reflejo de un espacio más bonito y seguro en el que puedas vivir.

Sé que me han faltado situaciones por describir para tomar mejores decisiones, y sé que te encontrarás en muchos momentos teniendo que decidir: ¿continuar o no una relación? ¿Mudarte a un nuevo país? ¿Empezar un nuevo proyecto? ¿Trabajar en tus heridas? Aunque sea difícil, en esos momentos confía en tus valores, en tu fidelidad hacia ti mismo, escucha tu cuerpo, que te guiará hacia decisiones más sabias.

Y ten en cuenta que:

- Puedes decidir con quién compartes tu energía.
- Puedes decidir qué tipo de amor permites en tu vida.
- Puedes decidir que el respeto y el equilibrio no son opcionales.
- Puedes decidir que tu voz importa y tus límites también.
- Puedes decidir ser cada vez más consciente de tus patrones relacionales para crear relaciones sanas.
- Puedes decidir ser quien realmente eres y llevar una vida en coherencia contigo de ahora en adelante.

Ahora, querido lector, va llegando el momento de despedirnos, porque mi proyecto aquí contigo debe culminar. Así como sucede con las transiciones en la vida, todos los comienzos tienen su final, pero siempre nos queda ese sabor dulce de lo vivido.

Espero que hayas disfrutado este presente conmigo, que hayas encontrado algo que resuene en tu corazón, como me ha ocurrido a mí mientras escribía estas páginas para ti. Ha sido un viaje de autodescubrimiento, tanto para quien las escribe como para quien las lee. Ahora toca seguir adelante, con la certeza de que cada final abre la puerta a un nuevo comienzo, aunque a veces nos cueste un montón.

Gracias por leerme y acompañarme hasta aquí. Te llevas una pequeña parte de mí, y yo espero haberte inspirado, aunque solo sea un poquito, y que tengas claro una sola cosa. Ahora tú decides.

Con cariño,
Luisana

Tu historia no termina aquí, al contrario, acaba de empezar porque el final del capítulo te toca continuarlo.

¿Qué título le pondrías a tu libro?

_____

¿Con qué frase comenzarías?

_____

¿Qué comenzarías diciendo sobre cómo eres?

_____

¿Qué experiencias te han cambiado profundamente?

_____

¿Hay algún capítulo del que quieras hablar especialmente?

_____

¿Hay capítulos que ahora se ven como muy lejanos?

¿En qué punto de tu vida te encuentras hoy?

¿Qué le dirías ahora a tu versión más joven?

¿Qué te dirías ahora mismo sobre ti que no hubieses creído hace años?

¿Qué harías diferente para comenzar a escribir nuevos capítulos en tu vida?

¿A quiénes le agradecerías profundamente?

Agradecimientos

Este libro no solo lleva mis palabras, sino que también es el reflejo de todas las personas a las que he acompañado a lo largo del camino, es el resultado de noches largas de reflexión, historias que me inspiraron, y sobre todo mucho amor y apoyo de quienes me acompañaron durante este viaje.

A mis padres, por darme la vida, por su amor incondicional y por enseñarme que siempre serían mi lugar seguro. Si los libros pudieran llegar al cielo, papá, sé que estarías muy orgulloso, has sido mi mayor fuente de inspiración, este libro lleva tu esencia.

A mi editora, Cristina Lomba, por su infinita paciencia, por su profesionalismo y por creer en mí para hacer este proyecto. Sin tu apoyo, este libro no habría sido posible, espero que sea el primero de muchos que podamos hacer juntas. Y al equipo editorial, gracias por acompañarme con tanto compromiso y dedicación, por contribuir a que mi sueño se hiciese realidad.

A mis abuelos, que no están físicamente, pero que su amor incondicional y su constante presencia en mi vida dejaron una huella imborrable. Sé que mi abuela tendría este libro enmarcado y me llena de paz pensarlo así. Gracias por tanto.

Gracias a mis hermanos por su apoyo y por darme el regalo más hermoso: mis sobrinos, quienes han llenado mi vida de alegría y amor. A mi tía y a mis primas, porque siempre me han brindado su apoyo incondicional. A ti Grace, por apoyarme como si fueses una hermana.

A mis amigas y amigos, que me han acompañado en este proceso, siempre dispuestos a escuchar y a ofrecerme su hombro. A ti, Cris, especialmente, por acompañarme y escucharme infinitas veces hasta altas horas de la madrugada.

A mis pacientes, cuyas historias de valentía y deseo de sanar me han inspirado profundamente. Sus relatos viven también en este libro.

A todas aquellas personas que, en algún momento, formaron parte de mi vida en cada lugar, en cada país al que viajé y en cada rincón donde viví. Cada uno de ustedes, de alguna manera, me enseñó algo de mí y dejó una huella en mi historia.

A ti, lector, gracias por acompañarme en este viaje. Espero que encuentres en estas páginas algo que te inspire, que te ayude a reflexionar, y que puedas resignificar tu propia vida. Porque a veces, desde nuestros relatos, encontramos la fuerza para continuar.

Les deseo a todos que encuentren el poder de elegir, de comenzar de nuevo, de crear lo mejor para sus vidas, y que, aunque las pausas y los obstáculos sean parte del camino, siempre podamos retomar el lápiz y seguir escribiendo nuestra propia historia.

Con cariño,
Luisana

«Para viajar lejos no hay mejor nave que un libro».
Emily Dickinson

Gracias por tu lectura de este libro.

En **penguinlibros.club** encontrarás las mejores recomendaciones de lectura.

Únete a nuestra comunidad y viaja con nosotros.

penguinlibros.club

 penguinlibros